小資本・低リスクで繁盛店をつくる　はじめての飲食店開業の教科書

餐饮创业实战2

小投资、低风险开店开业教科书

［日］井泽岳志 著

陈修齐 译

人民东方出版传媒
People's Oriental Publishing & Media

东方出版社
The Oriental Press

图字：01-2020-0515 号

SHOSHIHON · TEIRISK DE HANJOTEN WO TSUKURU HAJIMETENO INSHOKUTEN KAIGYO NO KYOKASHO by Takeshi Izawa
Copyright © T. Izawa 2014
All rights reserved.
Original Japanese edition published by Nippon Jitsugyo Publishing Co., Ltd., Tokyo.
This Simplified Chinese edition published by arrangement with
Nippon Jitsugyo Publishing Co., Ltd., Tokyo in care of Tuttle-Mori Agency, Inc., Tokyo
through Hanhe International (HK) Co., Ltd.

中文简体字版专有权属东方出版社

图书在版编目（CIP）数据

餐饮创业实战. 2，小投资、低风险开店开业教科书／（日）井泽岳志 著；陈修齐 译. —北京：东方出版社，2020.5
（服务的细节；096）
ISBN 978-7-5207-0164-8

Ⅰ.①餐… Ⅱ.①井… ②陈… Ⅲ.①饮食业—商业经营 Ⅳ.①F719.3

中国版本图书馆 CIP 数据核字（2020）第 030012 号

服务的细节 096：餐饮创业实战 2：小投资、低风险开店开业教科书
(FUWU DE XIJIE 096: CANYIN CHUANGYE SHIZHAN 2: XIAOTOUZI、DIFENGXIAN KAIDIAN KAIYE JIAOKESHU)

作　　者：［日］井泽岳志
译　　者：陈修齐
责任编辑：崔雁行　高琛倩
出　　版：东方出版社
发　　行：人民东方出版传媒有限公司
地　　址：北京市朝阳区西坝河北里 51 号
邮　　编：100028
印　　刷：北京市大兴县新魏印刷厂
版　　次：2020 年 5 月第 1 版
印　　次：2020 年 5 月第 1 次印刷
开　　本：880 毫米×1230 毫米　1/32
印　　张：11.375
字　　数：177 千字
书　　号：ISBN 978-7-5207-0164-8
定　　价：88.00 元
发行电话：(010) 85924663　85924644　85924641

前　言

使餐饮店在"寒冬时代"生存下去的经营圣经

　　我想，阅读本书的读者应该是正在考虑开设餐饮店，或正在为开店做准备，又或是正在考虑开设第二家新店铺。对于这样的读者，请允许我先介绍一下餐饮业的残酷现状。

　　外食产业的市场规模在 1997 年达到峰值，整体市场规模约 29 万亿日元，此后便呈逐年下降的趋势。到了 2013 年，市场规模约为 24 万亿日元，缩小到了高峰时期的 80%。餐饮业迎来了名副其实的"寒冬时代"。而且，只要日本的人口还在不断减少，这种趋势就不可能有所改变。

　　人们都说餐饮店开业三年内的倒闭率约为 70%，开业十年内的倒闭率约为 90%。新开的十家店里有七家撑不过三年就会倒闭，是风险极高的一个行业。

　　那么，我们是不是应该放弃市场扩大无望，且原本失败率就很高的"餐饮店"呢?

我认为,**只要事先掌握了"正确的知识和方法",餐饮业还是非常值得一试的**。

忘了向大家自我介绍。我是餐饮店经营咨询公司——Rise Will 株式会社的法人代表井泽岳志。在此之前,我以"低风险"和"重视生产一线"的咨询方针,向以北陆地区①为中心的多家餐饮店提供建议,帮助他们开店及提高营业额,做出了一些成绩。此外,我自己本身也正在经营三家餐饮店。

正如我向大家介绍的那样,餐饮业的现状十分严峻。我之所以能在这样的大环境下不断做出成绩,是因为我坚持"小资本"与"低风险"的创业和经营。

然而,开设餐饮店的朋友中,有许多人以为餐饮业是与日常生活最接近的行业,所以没有深入思考就选择了创业。

· 没有准备充足的启动资金与流动资金
· 没有经过细致的调查便选择了店面所在区域
· 没有思考出与区域相匹配的经营概念(商品·服务)

---

① 属于日本的中部地方,位于中部地方北部的日本海沿岸地区。

· 百分百听从房地产中介与内装公司的建议

· 没有深入思考便决定了店铺与厨房的布局

如此满是风险的创业行为，无疑会提高餐饮店在短时间内倒闭的可能性。

本书希望尽可能向有志于开设餐饮店的"创业一年级学生"，提供"小资本""低风险"的餐饮店创业方法与必要的知识。

本书具体分为"开业前""开业准备过程""即将开业时""开业后"四个阶段，以 Q&A 的形式为大家解答区域·店面的选择、菜单的制作、人才的录用·培养、广告宣传·促销活动、财务、事业计划等问题。

其中，除了初学者最关心的问题，还收集了一些初次创业的人容易忽略的问题。所以无论是对辞职之后准备转行开餐饮店的朋友，还是具备餐饮店工作经验的朋友，又或是刚刚开店正准备着手经营新店铺的朋友，都是很有帮助的。内容非常实用。

如前所述，经营餐饮店绝不是轻松的工作。当你真的开了一家店之后，会发现多数时间你都需要站着工作，且长时间不自由，对身体也将造成极大负担。

但是，能够在自己一手打造的餐厅内为顾客端上菜肴、让顾客满意。一边赚钱，一边享受顾客"太好吃了，下次还要来!""非常愉快，谢谢!"的赞美声，这种快乐是无与伦比的。开设餐饮店、经营餐饮店都是非常快乐的事。

请灵活运用本书所写的知识与方法，用"小资本""低风险"的创业方式将你的餐饮店打造成人气餐厅吧。

井泽岳志

2014 年 10 月

目　录

第1章

开业前需要做的准备及需要了解的信息

第3章

即将开业时需要做的事及需要了解的信息

第4章

开业后需要做的事及需要了解的信息

第 1 章

开业前需要做的准备及需要了解的信息

Q 001

餐饮业的现状①

餐饮业未来将变成什么样子？

"饮食"是基于人类本能而存在的，所以作为一项买卖，基本没有过时的可能性。与其他行业相比，市场突然缩小的可能性也极低。

但是，受我接下来将要说明的市场因素的影响，今后餐饮业在经营方面还需要付出更多的努力，这一点是毋庸置疑的。

分析餐饮业市场时，我参考了公益财团法人——食品安全·安心财团公布的"外食产业市场规模"调查数据。

通过调查数据，我们可以发现，外食产业的市场规模在1997 年达到峰值（约 29 万亿日元），此后虽有轻微增减，但大体呈缓慢减少的趋势。考虑到今后人口数量减少等因素，只要日本没有大幅度的政策性调整（例如承认国外移民的合法性等），外食产业的市场规模便不太可能继续扩大。

但是，考虑到单身人士的增加、家庭构成的小规模化、团块世代①外食需求量等因素，调查结果也并非完全悲观。比如，我服务的客户中就有不少餐饮店虽然位于人烟稀少的地区，但每月的营业额与上年相比都呈持续增长的趋势。

■ 外食产业的市场规模

※根据公益财团法人——食品安全·安心财团公布的数据制作而成

也就是说，虽然从宏观的视角来看，餐饮店的市场规模在不断缩小，竞争对手也层出不穷。但是在自家店铺所属的区域内，提高店铺营业额，把店铺打造成一家人气餐厅，还是极有可能做到的。

---

① 专指日本在 1947 年到 1949 年出生的一代人。在日本，"团块世代"被看作 20 世纪 60 年代中期推动经济腾飞的主力，是日本经济的脊梁。这一代人大都拥有坚实的经济基础，一直是最引人关注的消费群体。

本书想传达给读者的，正是**餐饮店的经营"需要正确且充足的知识"**这一点。

打算经营餐饮店的人当中，尚有不少人认为"只要开设一家餐饮店，自然客似云来"。但现实是，当今的时代已经不是只要开一家店，顾客便会自动上门的时代。市场竞争也变得越来越激烈，因此掌握正确的经营知识十分重要。

餐饮业的现状②

经营餐饮店的魅力是什么？

对人们来说，就餐的时光是极其幸福的时光。能够为他人提供就餐的时间与空间是餐饮店的最大魅力所在。经营餐饮店，能够让顾客身处自己创造的空间，在自己眼前品尝美酒佳肴，收获喜悦。而且，还能收获顾客的赞美——"太好吃了"。

我本身也经营餐饮店，我认为，为顾客制造幸福时光，让顾客收获直接的喜悦可以说是餐饮店的最大魅力。因此，每当我听说许多人"因为在餐饮店工作非常开心而无法下定决心辞职"时，总是忍不住点头表示赞同。

此外，从经营者的角度来看，餐饮店的优势在于，**即便是个体经营也能够与大型企业抗衡，变成人气餐厅之后，知名度会逐渐提高。这是只要采取行动便能立刻看到成果的行业。**对于积极努力的人来说，经营餐饮店的过程，就是不断改良进步的过程。经营餐饮店，可以日复一日地从顾客口中获得反馈，即时看到自己努力的成果，可以说是一份能够让人士气高涨的工作。

对于那些渴望获得社会性成功的人士来说，餐饮业具备以下可能性：即使缺乏人脉、金钱、经验，从零基础开始创业，也有可能在短时间内取得成功。换言之，入行门槛极低，只要踏上了经营轨道便能获得迅速发展。这一点也可以说是餐饮业的一大魅力。

Q 003

听说经营餐饮店对精神、肉体都是一大考验，实际情况究竟是怎样的呢？

与其他工作相比，经营餐饮店需要"长时间站着工作""个人自由时间极少"，确实**是会对身体造成巨大负担的**工作。当餐厅变成人气餐厅之后，有可能连午休的时间都挤不出来，有的店到了夏天，厨房会变得十分闷热。总之，有辛苦的一面。此外，如果经营像"居酒屋"那种类型的餐厅，作息时间也可能变得日夜颠倒。

但是，对于那些热爱体力劳动，或者喜欢与人打交道的人来说，这些或许都算不了什么。

至于精神方面，我认为经营餐饮业产生的精神压力并没有多么突出。因为无论你从事什么工作，都会遇到难熬的时候，这取决于公司业绩和职场环境。

此外，餐饮店经营者这一工作的特征之一，是要与形形色色的人产生交集，顾客、员工、关联企业等等。即便经营规模不大，也需要打点好方方面面。因此这份工作**不适合不喜欢与人打交道的朋友**。

　　此外，身为经营者自然会有无法与外人言说的苦恼，这在哪个行业都是一样的。对于这一点我们都会无可奈何，因为现状就是如此。

Q 004

餐饮业经营者的实际收入是怎样的？

坦白说，这个问题因人而异。拿只经营一家餐饮店的店主举例，有的入不敷出，完全没有赢利；有的虽然只经营一家店铺，月收入却超过 100 万日元。

下面给大家举个例子。

A 先生在郊区独自经营一家拥有三十个餐位的拉面店。假设月营业额分别达到 250 万日元和 300 万日元（参考第 11 页图表）。

对一家三十个餐位的餐厅而言，300 万日元的营业额已经是相当成功的数字。这种情况下，经营者最终到手的收益（营业利润①）为 40 万日元。

但有一点不能忘记。因为 A 先生是个体经营，所以需要用这 40 万日元偿还债务，支付个人生活费、包括所得税和消费税在内的各项税金、国民健康保险、养老金等等。如果每月需要

---

① 企业从事生产经营活动中取得的利润，是企业利润的主要来源。营业利润等于主营业务利润加上其他业务利润，再减去营业费用、管理费用和财务费用后的金额。

偿还 10 万日元的债务，那么最终留在自己手上的也只有 30 万
日元。

假设营业额为 250 万日元，那么可支配的收益只有 25 万日
元，营业者需要用这 25 万日元支付各项税金，偿还每月 10 万日
元的借款。如此一来，到手收益就变得寥寥无几。假设 A 先生
每月需要 15 万日元生活费，那么在现金流动方面便入不敷
出了。

■ 拉面店的营业额与收益案例

项目		月营业额250万日元		月营业额300万日元	
主营业务收入		2,500,000	100.0%	3,000,000	100.0%
主营业务成本		850,000	34.0%	1,000,000	33.3%
主营业务利润		1,650,000	66.0%	2,000,000	66.7%
营业·管理费用		1,400,000	56.0%	1,600,000	53.3%
	人工费	600,000	24.0%	700,000	23.3%
	地租房租	300,000	12.0%	300,000	10.0%
	水电燃气费	250,000	10.0%	300,000	10.0%
	其他费用	250,000	10.0%	300,000	10.0%
营业利润		250,000	10.0%	400,000	13.3%

此外，虽然收入与店铺大小有关，但很少有人只靠经营一
家店铺，年收入能超过 1000 万日元。多数人靠不断经营可盈利
的店铺，两家、三家这么开下去，来提高自己的年收益。如果
餐饮店经营得好，将带来十分可观的收入，但**这一行业经营者**

的平均收入并不高。

对于那些开餐饮店前有固定工作的上班族来说，大部分人"独立经营之后收入会减少"。

但是，经营餐饮业也存在这样一种可能性，即便只经营一家店铺也可能经营规模巨大，利润率极高。在这种情况下，有可能获得在公司工作时无法获得的高收入。尤其是那些经营多家餐饮店的经营者，他们中不少人的收入甚至足以比肩大企业的经营者。

对于期望获得高收入的人来说，这也是一份充满机遇的工作。

Q 005

餐饮业的现状⑤

开设一家餐饮店的成功概率是多少？

虽说人们对于成功的定义是各种各样的，但我们还是先从倒闭率的角度来思考这个问题吧。

人们常说，**七成的餐饮店会在开业后三年内倒闭，九成的餐饮店会在开业后十年内倒闭**。由此可见，餐饮店的生存概率极低。尤其是刚开业的头几年，可以说最为关键。如果头几年坚持了下来，那么往后的经营就会顺利很多。

如果把坚持三年的店铺定义为成功，那么成功率约为三成，如果把坚持十年的店铺定义为成功，那么成功率就只有一成。

餐饮店之所以容易倒闭，原因之一就在于极低的入行门槛。从某种意义上来说就连"餐饮店经营的门外汉"也可以开店。

这些人往往缺乏经营的相关知识，也不懂得进行市场调查。所以容易胡乱使用资金，在经营初期就投入大量资金，从而进入一种毫无计划的经营状态（具体案例可参照我的另一本书《餐饮店"开设·经营"方法》。在这本书中，我用详细的案例介绍了餐饮店经营的七个风险）。

但反过来说，这也意味着，如果我们学习了足够的经营知识，做好充分准备，即便是独立经营，也可能收获巨大的成功。因为不管怎么说，你大部分的竞争对手都只不过是"餐饮店经营的门外汉"。对于**掌握了相关知识和技术的人来说，要赢其实是轻而易举的事**。

但是，在这里我想请大家注意一点——"在讨论经营餐饮店的知识时，我们并不是在说烹饪技术或接待顾客的技术"。也就是说，我希望大家掌握的，并非烹饪或接待顾客的知识，而是餐饮店的开设·经营方面需要的专业知识。

现在的餐饮行业，有的经营者打造出人气餐厅后接二连三地开分店，有的经营者却因为竞争对手的出现，营业额一落千丈。造成这种两极分化的原因之一，在于两者具备的专业知识有一定差距，并且这种差距还在逐渐扩大。关于餐饮店经营者应该具备哪些知识，请参考 Q013（第 32 页）。

即便你从没经营过餐饮店，也可以学习这方面的专业知识。积极地学习专业知识，有助于提高开店之初的成功率。希望读者们能够在阅读本书的过程中，掌握相关专业知识和具体的技术。

Q 006

决定开设餐饮店之后，是否应该马上辞去现有工作，把时间全部花费在准备工作上？

失去收入来源是一件颇有风险的事，我建议大家**尽可能工作到临近开业**。即使你已下定决心要开一家餐饮店，你依然需要花费超乎想象的时间寻找店面，花费时间与金钱进行准备工作。因此，我建议大家尽量一边工作，一边做开业准备。

参观的店面越多，越能了解地域属性，越能把握相同区域内的铺租情况。所以花费的时间越多，找到好店面的机会就越大。许多案例也证明了，花费大量时间寻找店面是有好处的。

你完全可以一边工作一边寻找店面。只要向帮你寻找店面的人（房地产中介、食材供应商、内装公司、金融机构）说明你的要求，他们便会在发现好店面时第一时间通知你。

此外，从开始做开业准备到实际开张，前后花费的时间或许会超出你的想象。对那些缺乏经验、第一次开店的人来说，尤其如此。其间可能发生各种意外导致计划延期。计划越是不能如期完成，支付的各项经费就越多。因此，虽然工作会消耗一定的时间精力，但我还是认为工作到临近开业的时间点是比较明智的做法。

Q 007

开业前的日程表②

开业前提前多久辞职比较好?

在实际操作中,开业准备做到什么程度才算基本成型呢?
至少该是到定好了菜单,定好了内部装修方案,面试好了工作
人员的程度。当开业准备做到这种程度时,你便可以提前 2~3
个月辞职。但是,如果希望学习一些烹饪技术和经营餐饮店的
方法,那就必须把学习时间也计算在内。学习时间的长短取决
于业态,但开业前没有工资收入,单纯为别人做学徒工的时间,
最短也要 1 个月,长则需要半年。因此我建议大家**在充分计算
好学习时间的基础上,考虑离职时间**。

此外,也有一些人一边上班一边开设餐饮店。如果能够把
一部分的烹饪、店铺设计、招聘工作托付给店长,或者其他什
么人,那么你辞去前一份工作的时间点还可以延后许多。如果
有足以信赖的人可以托付开业事宜,那么即使自己不花费太多
时间,也可以顺利开业。

总而言之,一旦辞职,失去收入来源,便会影响到资金运

转，由此可能引发各种各样的问题。而且，还有可能使心态变得焦虑，无法做出正确的判断。因此，我希望大家能一边保证收入来源一边为开业做准备。

Q 008

决定开设餐饮店之后，最快多久能把店开起来？

如果是正在经营餐饮店的人，恰好遇到店铺出兑①（前一家店铺的内部装修、家具、房屋设备等完全保留的状态），几乎不需要施工的情况下，最短也需要 1 个月才能开业。

因此，即便拥有丰富的知识和经验、现成的工作人员，也不可能做到"找到店面之后立马开业"。

新开设的餐饮店必须向保健站②提出申请，获得保健站颁发的许可证。考虑到保健站的检查时间，以及前后需要调整的时间，最短也要花费两周的时间。

如果**你现在是一名在公司上班的上班族，希望自主创业，那么考虑到个人创业的种种限制，最少也需要花费 4 个月才能成功开业**。此外，考虑到寻找店面和内部装修的时间，最好做好花费半年以上时间的思想准备。

---

① 把店铺、厂房等连同商品、设备等一起出借或出售。

② 进行预防疾病、促进健康、环境卫生等大众卫生活动的第一线中枢机构。日本的都道府县、政令指定的市及东京都的 23 个特别行政区均有设置。

店面的寻找讲究时机，无法准确地预测什么时候能找到合适的店面。但通常情况下，大部分人需要花费 1~3 个月的时间。我曾听人说"为了找到符合条件的店面花了两年时间"，但这种行为很难称得上是事业计划，我们还是要在一定时间内做出决断。

内部装修需要花费的时间取决于装修范围。一般来说，从零开始装修花费的时间会超过一个半月。即便是因出兑而得到的店铺，如果需要大规模改装，也可能要花费一个月的时间。但是，也有许多店主灵活运用现有的店面，只用了一个星期就完成了内部装修。总而言之，内部装修的时间取决于店面状态。

那么，大家需要思考的问题来了。从某种意义上来说，寻找店面相当于"偶然的邂逅"，无法准确预测时间。内部装修则取决于店面状态，在计划阶段无法明确需要花费的时间。也就是说，"餐饮店很少能够按照计划的时间开业"。

如果你有自己的土地，计划在上面建造一家餐饮店，或者有自己的店面，那么某种程度上，是可以按照计划推进整个流程的。但这种案例十分罕见。多数人遇到的都是出租+出兑的情况。所以，我希望大家理解这一点，**你选择的店面在很大程度上会影响开业日程**。

Q 009

开业前的日程表④

正式开张前，需要准备怎样一份日程表？

作为本书读者的特别福利，我为大家准备了"开业前日程表"，这份表格可以从我公司的官方主页 http:/www. rise-will. com.first/直接下载。在本章节，我为大家展示了表格模型，欢迎参考。

■ 开业前日程表：

分类	项目	准备时间
创业准备	决心创业	数年~半年前
	考察人气餐厅、观察同行现状	数年~3个月前
	存钱	数年~开业前
寻找店面	寻找店面	1年~3个月前
	签约	6个月~3个半月前
战略的明确化	市场调查（调查竞争对手）	6个月~2个月前
	战略设计	6个月~3个月前
事业计划·资金筹措	制作事业计划	6个月~3个月前
	与金融机构商议·提交事业计划	3个月~2个月前
制作菜单	明确菜单结构	3个月~1个月前
	制作实体菜单	2个月~2周前
建筑施工	委托内装公司估价	3个月前
	估价·装修工程合同/动工（投标）	3个月~2个月前
	验收店铺	1个月~2周前
	申请电话线路·电话号码·网络	最少一个半月前
人才招募	招募·录用正式职员	3个月~1个月前
	招募·录用兼职人员	1个半月~2周前
教育培训	培训正式职员	3个月~1个月前
	培训兼职人员	2周~开业前
许可证	申请防火管理责任者培训	最少一个半月前
	接受防火管理责任者培训（2天）	最少2周前
	申请食品卫生管理者培训	最少2个月前
	接受食品卫生管理者培训（1天）	最少1个月前
	接受消防署·保健所等部门的检查	1个月~10天前

时间轴：数年前　1年前　6个月前　5个月前　4个月前　3个月前　2个月前　1个月前　2周前　1周前　开业

022

Q 010

怎样管理开业前需要做的诸项事宜?

　　对于初次创业的朋友来说,会因如何开设一间餐饮店而感到一头雾水。如果没有设立公司,就必须以个体经营的方式经营。其中便涉及个体经营需要的手续、税金、许可证等,要做的事情还有很多。即便你曾经在餐饮店工作过,也一定会有许多地方不明白,所以我建议各位多多参考类似本书的开业指引手册。

　　我想大家或许会因此感到不安,但若把待办事项逐一分解,你会发现它们并没有那么难办。主要把握若干关键要素(店面、战略、内部外部装修、商品、财务),之后便能高效地推进整个流程。

　　在这里,我向大家介绍一种我本人很推崇的方法。即**制作"待办事项管理表",将待办事项逐一列出,以表格的形式进行管理**。

　　我在本书的第 25~28 页介绍了"待办事项管理表",它比之前介绍的"开业前日程表"更加详细。希望各位灵活运用。

　　在此之前,我帮助不少餐饮店成功开业,我本身也经营数家餐饮店。从我个人的经验来看，开业前需要做的事情非常之多，还需要和包括中介公司在内的相关人士联络、商议、打交道。

同时，需要做许多决定。短时间内必须完成大量任务。个人经营的店主一手包办的情况下，难免拖沓延误。如此一来，便会产生两大不良后果。

其一，自己不具备做出判断的知识与时间，便把所有事情交给中介公司"全权负责"。结果，做出来的成品不合自己心意，或支付的费用比预期高出许多。

其二，搞错待办事项的优先顺序，或者漏掉一两件事情，这些都会导致开业时间的推迟。

推迟开业意味着需要支出相应的费用。比如，店面在施工期间往往也是需要支付铺租的。推迟开业，意味着要在没有收入的情况下支付租金。此外，员工和店主本人的人工费也是如此，开业时间越往后推迟，需要支付的人工费就越多。

为了避免出现以上情况，我们需要处理好每一个待办事项，更加高效地推进整个流程。

如前文所述，多数情况下人们并不能按照计划推进开业前的日程。但正因为如此，我们才更应该将待办事项整理出来，逐一完成。

■待办事项管理表：

分类	待办事项	是否完成
创业准备	决心创业	
	选择业态	
	考察人气餐厅，观察同行现状	
	学习烹饪、接待顾客的技巧	
	选择店铺区域（车站附近、郊区等）	
	设定店铺规模	
	存钱	
寻找店面·签约	将理想中的店面条件逐一列出	
	咨询房地产中介	
	拜托具备房屋信息资源的人士打探消息	
	在杂志、互联网上搜索房屋信息	
	亲自前往店铺区域视察	
	交涉室内装修及设备的转让费（出兑的情况下）	
	与房东交涉房租·保证金的问题	
	与房东签订租房合同	
战略的明确化	调查交通量	
	调查人口、最近车站的统计数据	
	调查周边餐饮店（把握顾客数量）	
	调查周边的人气餐厅（经营概念、客层）	
	亲自前往店面考察	
	设计经营概念	
	设计招牌菜单	

分类	待办事项	是否完成
战略的 明确化	设定每位顾客的平均消费金额	
	接待顾客的方针	
	内部装修与外部装修的方针	
	装饰品、备用品方针	
事业计划· 资金筹措	制作事业计划	
	与金融机构商议	
	委托各类供应商提供估价单	
	提交事业计划书	
	签订贷款合同	
制作菜单	明确主要菜品	
	召开试吃会	
	改良菜单	
	选择餐具	
	设定价格	
	明确实体菜单结构	
	拍摄菜品照片	
	制作实体菜单	
建筑·施工	委托内装公司估价（至少三家公司）	
	与各公司商议·交涉	
	签订外部、内部装修施工合同	
	考察工程进度	
	店铺交付使用	
	通过模拟营业找出内部装修中值得改良的部分	
	委托装修公司二次装修、自己做一些装修工作	
	申请电话线路·电话号码·网络	

（续表）

分类	待办事项	是否完成
与各类供应商打交道	店面设计	
	厨房设备	
	收银机·信用卡	
	各类食材供应商	
	天然气	
	有线电话及广播	
	制服	
	卫生用品	
	垃圾回收	
	餐具	
	其他消耗品（湿毛巾、筷子等）	
	安保公司	
	店面保险中介公司	
	广告·推广	
人才招募	明确薪资标准	
	招募正式员工	
	面试·录用正式员工	
	招募兼职人员	
	面试·录用兼职人员	
教育·培训	培训厨房相关人员	
	培训大堂相关人员	
	制作员工手册	
	向员工说明、渗透店铺理念与方针	
	制定营业额目标	
	职务扮演训练法①	

①　角色扮演。心理学上指通过设想现实场面，让受试验者自由扮演所期望的角色的一种心理疗法。如今用作对企业员工进行教育等的手段。

分类	待办事项	是否完成
许可证	申请防火管理责任者培训	
	接受防火管理责任者培训（2天）	
	申请食品卫生管理者培训	
	接受食品卫生管理者培训（1天）	
	申请并接受消防署检查	
	申请并接受保健所检查	

Q
011

开业前的准备①

决定好开设餐饮店后，有什么事是需要事先完成的吗？

开业前，我们需要做各种各样的准备工作。在这里，我将介绍三件希望大家事先完成的事情。

①积累一笔存款，哪怕金额不大

从决定开设餐饮店到餐饮店开张，所花费的时间因人而异。有的人甚至花费数年才能真正开业。但不论哪种情况，我都强烈建议各位在决定了"排除万难也要开张"之后，就马上开始存钱。

不少朋友认为"钱不够的话，开业的时候借就好了"。这样的想法过于天真。如果没有自有资金，金融机构是不会轻易借款的。县及市町村虽然也有针对创业者的融资优惠政策，但如果具备自有资金，选择的余地就会大一些。我见过许多案例，因为资金不足而不得不选择在较差地段开业。为了防止出现这样的情况，大家还是尽早开始存钱。

②考察各家人气餐厅，记录商品、服务、氛围、价格、客层、地段等信息

一家餐厅能成为人气餐厅，必然有它的原因。为了找出这些原因，我们需要探访各类人气餐厅，找出它们的共同点。商品、服务（接待顾客）、氛围、价格、客层、地段等，以上要素的组合方式决定了一家店能否成为人气餐厅。以怎样的经营方式才能打造出一家人气餐厅？为了把握这种经营感觉，我们必须亲自前往这些餐饮店，从品尝菜肴到支付账单，切身体验一遍完整流程。

③积累同类型餐饮店的工作经验，哪怕是兼职经验

完全没有餐饮店工作经验的朋友自不必说，那些曾经在餐饮店工作过，但开设的餐饮店与工作过的餐饮店并不是同一类型的朋友，也需要积累同类型餐饮店的工作经验。我尤其推荐大家去人气餐厅工作，在那里可以学习到已经被市场验证过的与烹饪方法、原材料、进货渠道、运营、接待顾客、培训相关的宝贵经验。

此外，即便是个体经营，也可以灵活运用连锁餐厅的经验。比如涉及店铺每日的数据管理等方面时，在连锁餐厅学习到的技术就能派上大用场了。

一旦自己的餐饮店开张，就很难再积累到餐饮店的工作经验。现在，几乎所有餐饮店都出现了人手不足的问题，所以虽然工作时间有长有短，但去自己想去的餐饮店工作还是极有可能办到的。

Q 012

开业前的准备②

开一家餐饮店大概需要存多少钱？

开业需要的资金完全取决于店铺规模和店铺类型。全部使用存款（自有资金）当然是最好的，当个人存款不足以负担时（多数人都是这个情况），就需要向金融机构借款了。

一般来说，我们向金融机构借的钱最多可以是自有资金的两倍。也就是说，当初期投资需要花费 900 万日元时，你拥有 300 万日元的自有资金就足够了，剩下的 600 万日元可以向金融机构借贷。如此一来，我们可以把**存款目标定为餐饮店初期投资额的三分之一**。

但是，开张要花费的钱往往比想象中要多，所以大家还是尽可能多存些钱为好。如果真的丝毫不具备自有资金，那么还可以想别的办法，比如向家人借钱等等。但对于金融机构而言，自有资金是个人信用的凭证，因此大家最好要有一笔个人存款，哪怕金额不大。这样金融机构对你的印象会相对好些。

Q 013

开设餐饮店，有没有什么知识是必须掌握的？

如果你能获得各类专家及供应商的帮助，那么便没有什么知识是非掌握不可的。但对于餐饮店的经营者而言，以下三点还是非常重要的。

①经营策略相关知识

前文已介绍过，餐饮店的成功率极低，而且今后餐饮店的经营环境会变得越来越严峻。在这样的环境中要想生存下来，就必须掌握"经营策略的相关知识"。在二三十年前，有许多餐厅是在毫无规划的情况下开业的，经营手段也毫无章法，却也经营得下去，但今后的状况不一样了。今后，餐饮业的市场规模将进一步缩小，竞争将变得更加激烈。我在 Q029（第 75 页）对经营策略进行了详细的说明，欢迎大家参考。

②财务相关知识

我作为经营顾问，接触过许多餐饮店的经营者。我发现，越是懂财务知识的人，越能够采取正确的经营策略，获得成功的可能性也就越大。比如，针对目前的营业额恰当的原材料采购费比率和人工费比率是多少？这虽然是个简单的问题，但现实状况是，有大量的经营者对此完全不了解。

了解相关财务知识，有助于明确经营方向，更好地采取相应行动，从而能够提高成功概率。有志于开设餐饮店的朋友们，请务必将财务知识列为必须掌握的知识，这些知识一定会对今后的餐厅经营有所帮助。

③烹饪相关知识

请各位不要误会，这里的烹饪相关知识并非指"烹饪技术"。懂得烹饪方法，自己烹制菜肴当然是最好的。但不会做菜也没关系，只要你懂得如何获取菜肴的烹饪秘方，并懂得雇佣手艺高超的厨师，那就没有任何问题。无论采用什么方法，最重要的是能够提供别的餐厅无法提供的美味菜肴，这一点在今后的竞争中将变得越来越重要。

我在另一本书《餐饮店"开设·经营"方法》中也说过，我并不认为只要做出的菜肴好吃，餐厅就一定能变成人气餐厅。因为除了菜肴的味道，还有许多因素会影响餐厅的经营状况。

但如今的时代是一个极度便利的时代，我们不费吹灰之力就可以在互联网上搜索到一家餐饮店的信息。"这家店的菜非常好吃""在别家店吃不到这家店这样的菜"，一旦出现类

似这样的评价，便会以极其迅猛的速度传播开来。因此，与
其努力向顾客灌输餐厅理念，不如努力修炼内功，在产品方
面多下功夫。

掌握以上三类知识，一定会对开店有所帮助。

Q 014

开业前的准备④

有没有值得推荐的相关书籍、电子杂志？

在这里我列了一份书单。里面列举了我读过的，我认为触及问题本质的书籍，以及一些能够帮助各位了解流行趋势的相关书籍、电子杂志。欢迎参考。

《小餐饮店赢利圣经》(鬼头宏昌 JACK 传媒)

《一般人我不告诉他！餐饮店成功的秘诀》(大久保一彦 森林出版)

《一眼看懂现金流！超级经营技法》(和仁达也 钻石社)

《餐饮店经营大宝典 增补版》(吉田文和 日经 BP 社)

《请顾客"偏袒"我们！》(高田靖久 中经出版)

《将"只来一次的顾客"培养成"回头客"！》(高田靖久 同文馆出版)

《日经餐厅》(日经 BP 社)

《餐饮店经营》(商业界)

《月刊食堂》(柴田书店)

《船井流——人气餐饮店电子杂志》（发行负责人：船井总研、二杉明宏）

《新时代的商业圣经》（发行责任人：鬼头宏昌）

Q 015

经营形式①

个体经营还是成立法人，究竟该选择哪一种？

个体经营与法人经营，有各自的优点。究竟该选哪一种，取决于你想要把餐饮店打造成什么样子。

只想经营一家小店铺，没想过靠餐饮店赚大钱的朋友适合个体经营。此外，将来希望实现法人化经营，但目前没有多少资金，只能小规模经营的朋友，也可以先从个体经营入手。

在这里，我为大家归纳总结了两者的优点。

●个体经营的优点

①能够快速开始经营活动

首先，个体经营与成立法人不同，个体经营者能够迅速地开始经营活动。只要向附近的税务署提交开业申请（最好提交蓝色的开业申报批准申请书）等简单的文件，便能马上开始营业。成立法人的话，首先要委托司法代书人①制定公司章程，还需要到相关部门登记注册，需要花费时间与精力。

----

① 主要工作内容为受他人委托，处理简易法院的民事诉讼、登记等手续，还有向法院、检查厅、司法部、地方司法部提交的文件。

■ 个体经营与法人经营，各自的优点

● 个体经营

①能够快速开始经营活动

②初期成本、运营成本较少

● 法人经营

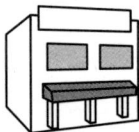

①具备社会信用，容易招纳优秀人才

②融资贷款方面有优势

③具备各种减免税金的方法

因法人经营在餐饮店设立初期及运营期间，成本较高，因此，建议小规模经营的朋友选择个体经营。

②初期成本、运营成本较少

个体经营不需要交纳任何注册费用及手续费。虽然每年需要提交一次**个人所得税纳税额申报表**，但申报表的填写极为简单，完全可以独立完成，不需要委托会计师事务所。因此，在开业初期以及运营方面，不需要花费太多成本。

●法人经营的优点

①具备社会信用，容易招纳优秀人才

成立法人，最大的优点就是能够建立社会信用。这一优势尤其体现在招聘方面，个体经营往往较难吸引优秀人才。

②融资贷款方面有优势

比起个人，法人更加容易通过金融机构的融资审查。

③具备各种减免税金的方法

经营者可以以营业开销的名义向自己或家人发放工资，也可以将国民生命保险的部分划归到开销里。此外，一旦出现亏损，还可以申请结转扣除①，个人经营的情况下，结转年限不能超过三年，但法人经营的结转年限最长为九年。企业出现大额亏损后再次扭亏为盈时，可以用当期盈利抵消过去的结转亏损。

———————————

① 即将企业所得税中部分项目结转到以后年份扣除。

法人经营虽然具备多项优势，但也存在缺点，即设立初期、运营期间花费成本过高。

成立法人，需要支付会计相关费用，伴随着职员雇佣，还会产生社会保险费用，这也是一笔巨大的开销。因此，如果你具备依靠经营餐饮店赢利的自信，那么不妨尽早考虑成立法人。

Q 016 | 经营形式② 想和朋友一起创业，有什么需要注意的地方吗？

老实说我并不推荐合伙经营，因为极少有合伙经营能走到最后。失败的原因在于，**双方的理念很难在最后阶段达成一致。**尽管双方在开业之初，想要达成的目标是一致的，但在经营过程中，想法会渐渐产生分歧，这便是合伙经营失败的原因。无法体现本人想法的事业最终会变成巨大的压力。哪怕最初进展顺利，也很难走到最后，这就是合伙经营的现状。

此外，**承担经营责任的人越多，越会稀释当事人的主人翁意识。**许多案例中，合伙经营的经营者展现的"必须想方设法经营好自己的店铺"的意志力，要比独立经营的经营者薄弱许多。这将导致大刀阔斧的改革措施难以推行下去。这也是合伙经营失败的一个原因。还有一点也极为重要，那就是对合伙经营的经营者而言，经营餐饮店究竟是主业还是副业？如果是主业，那必然会投入大量时间、金钱与热情；如果是副业，以上种种将大打折扣。

不过，如果能够推举一人作为代表，统领经营事务，那么成功率将获得显著提升。即使双方擅长的领域不同，两个有能力的人共同创业也不失为一件好事。由代表决定事业的方向，在双方同意的基础上进行经营活动，如果能做到这一点，合伙经营会展现出比独立经营更强的生命力。

Q 017

经营形式③

想把自家独栋洋房的一楼改造成餐饮店，有什么需要注意的地方吗？

在住宅中开设餐饮店，最大的问题就是地段。老实说，这样的餐饮店极少能变成人气餐厅。住宅区的地段，至少对餐饮店而言，大多不是什么优质地段。因为住宅区很难吸引到顾客。

在以上事实的前提下，我们来分析一下住宅型餐厅的优缺点。

●**优点**

①因为是自家住宅，所以不需要支付租金

没有租金这项负担，意味着更容易赢利。在这种情况下，极有可能打造出一家不易倒闭的餐饮店。

②不需要花费时间通勤，能够更加高效地利用时间

往返住宅与工作单位带来的负担比我们想象中要大得多。尤其是餐饮店经营者，往往需要花费大量时间工作，如果通勤时间过长，就不得不削减睡眠时间和管理业务的时间。因此，对这些人而言，零通勤时间可以说是极大的优点。

●缺点

①因地段不好，多数情况下很难吸引到顾客

最大的原因已在开头阐明。除了地段，多数住宅型餐厅难以确保停车场，所以对顾客而言，不是那么方便。

②无法区分工作与私生活

将餐厅设置在住宅一楼，便很难切换工作状态和生活状态。极有可能让自己陷入随时随地都在工作的心态中。而且顾客光顾餐厅的同时，意味着知道了你的住宅地址。与邻居交往时，也必须表现出自己是餐厅经营者的样子。

对于不在乎这些的人来说自然不算什么，但对那些会因此感受到巨大压力的人而言，是极大的不利因素。此外，如果你的家人不是那么支持你开餐饮店，那么这一点也会极大地影响家庭关系。如果你的家人并没有深入参与店铺经营及运营，就不应该在自家住宅开设餐饮店。

请大家充分比较以上优缺点，再决定是否开设住宅型餐厅。

Q 018

经营形式④

退休后经营餐饮店，应该选择什么样的经营方式？

近年来，越来越多的人拿到退休金后，便计划开设自己梦寐已求的餐饮店。因为有养老金作为生活保障，所以许多人认为"即使赚不了太多钱也没关系"。

这种情况下，应该实行一套**低风险·低回报或者低风险·中回报**的经营方针。

为什么这么说呢？因为经营餐饮店是需要相应的资金的。即便开设的店铺并不如你所愿，也不能随随便便关张。而且，在亏损的情况下勉强经营，极有可能使自己背上巨额债务。

为了避免发生类似的情况，我将为大家介绍三点秘诀。

①不要借入大额资金

到了一定的年龄后，随着年龄的增长，贷款会变得越来越困难。这是因为人们物理上能够用于还款的时间缩短了。在经营餐饮店的过程中，或许多少需要一些借款，但我还是建议不要借入大额资金，尽量使用退休金作为自有资金。因为现实情况对高龄还款者而言并不是那么友好。

上班族尚有一定的收入作保障，一旦成为经营者便什么保障都没有了。经营餐饮店，将会提高失去固定收入的风险。

②店铺规模不宜过大，最好是夫妻俩就能维持运营的规模

店铺规模或事业规模不宜过大，最好是夫妻两人就能维持运营的规模。餐位数最好不超过 40 个。这样的规模，不用额外雇佣店员，光靠店主，或店主夫妇两人就能够维持运营。

③在讨论是否开设餐饮店之前，先去餐饮店积累工作经验

我建议大家先去同类型餐饮店实地工作一段时间。特别是对于那些没有餐饮店工作经验的朋友来说，这样的体验是十分必要的。我自己经营的餐饮店与客户的餐饮店都曾雇佣过 50 岁以上的员工，由于受不了餐饮店的高强度工作，最后辞职的人不在少数。

站在顾客的角度看到的餐饮店与实际经营过程中的餐饮店是完全不同的。因此，我建议大家在充分了解餐饮店经营真相后，再决定是否开设餐饮店。

Q 019

经营形式⑤

将来想经营多家店铺，有哪些地方值得注意？

值得注意的地方有许多。在这里，我将向大家介绍多店铺经营中尤其需要注意的三点。

①设计有竞争力的经营概念

选择经营多家店铺，至少应该在现有店铺已经赢利的情况下。而且，我所说的赢利并非指勉强赢利，是指店铺已经实实在在地变成人气餐厅的情况。有人选择开设多家同一类型的店铺，有人则选择开设多家不同类型的店铺，无论哪一种情况，他们的经营都有一项共通点，即"设计有竞争力的经营概念"。

经营环境瞬息万变。曾成功过的经营概念，数年后也可能过时。因此，紧跟时代潮流，不断设计出新的"有竞争力的经营概念"变得越来越重要。

②打造一个完整的人才录用·培养体系

多店铺经营最大的难点，在于人才的录用与培养。简而言之，需要构建起一个扎实的领导班子。即使你已设计好有竞争力的经营概念，筹集到足够的资金，但是如果找不到合适的店长人选，依旧无法开店。第一家店铺尚可由经营者本人管理，但当店铺增加到第二家、第三家、第四家时，光靠一个人管理就会产生局限性了。此时，如果没有值得信赖的员工在一旁辅佐，公司便无法稳定地经营下去。

我看过无数店铺经营的案例，许多经营状态良好的店铺在开到第三家或第五家分店时，业绩便会一落千丈。开到第三家分店栽跟头的原因大多与第一点——经营概念的问题有关，因为策略上的失败导致业绩恶化。然而，开到第五家分店业绩恶化的原因，则多数与人才录用及培养有关。比如，无法雇佣到优秀人才，或者店长的能力不足，等等。

运营五家店铺，需要五名店长。但一下子吸纳五名具备足够经营才能的人才是很困难的。因此，经营者不但需要具备识人的眼光，还需要具备培养人才的能力。如果无法打造出这样一个人才录用·培养体系，便很难将店铺的好业绩维持下去。在这个体系中，最重要的就是是否存在这样一个人——他是经营者的左膀右臂，组织架构上的地位高于店长，肩负管理职能，以及这个人的能力是否足够优秀。当店铺增加到五家时，经营者必须考虑经营管理、员工教育体系的问题。同样，当店铺超过二十家时，组织架构又将面临新的挑战，必须重新调整。

总而言之，能否录用优秀员工，能否持续性地培养有能力的店长，是决定经营者能否实现多店铺经营的关键。

③制定适合多店铺经营的财务方案

自有资金充足的公司可以不考虑这一条。但多数餐饮店并非如此，它们需要依靠金融机构借款才能将店铺经营下去。因为餐饮店的利润率不算高，所以如果想用开店攒下的钱开设分店，必然要花费多年的时间。也就是说，越想加快开设分店的速度，借入的资金就越多。如果店铺整体业绩无可挑剔，或者亲属中存在强有力的赞助商，能够使店铺经营维持稳健良好的状态，那么银行或许会不断向你的店铺融资。

但是，经营过程中一旦出现亏损，或者缺乏还贷资金（足以归还银行贷款的自有资金），金融机构的态度便会一下子转变。他们会调查自有资本比率（自有资本÷总资本）、借贷金额每月营业额倍率（借贷金额÷每月营业额）等经营指标，判断是否向企业贷出了过量资金。一般情况下，自有资金比率20%~30%，借贷金额为每月营业额的3~4倍是正常标准。

而且，以公司名义贷款的情况下，通常会被要求经营者个人作为连带担保人进行担保。那时，金融机构也会考察经营者个人的资产情况。因此，经营者需要管理好自身资产情况，确保个人存款。如果社长本人花钱毫无节制，名下无任何存款，即便公司本身赢利状况良好，也会被金融机构视为风险企业，这样的情况近些年出现得越来越频繁，必须更加注意。

最后，还有一点很重要，那就是与金融机构打交道的方式。我建议大家不要在一棵树上吊死，平时就应该和多家金融机构保持来往。这里说的来往，指的是借入一定贷款，并按时返还，哪怕金额不大。按时返还贷款最能提高金融机构对企业的信赖值。为了出现困难时不至于为资金运转问题所困扰，我建议大家和多家金融机构建立良好关系。

Q 020

经营形式⑥

有个人主营事业，同时加盟餐饮店经营是一件好事吗？

许多朋友是在有个人主营事业的情况下同时加盟餐饮店经营的，在这里，我们来分析一下这么做的优缺点。

●优点

①资金相对充裕

初期投资充足意味着可以加盟强有力的连锁品牌，可以聘请经营顾问等外部专家给予指导意见，可以采取许多有利于店铺经营的措施。这将使这些店铺在经营之初，就与个体经营的餐饮店拉开差距，可以说是一大优势。

②可以与主业产生 1+1>2 的效果

比如建筑行业的企业加盟餐饮业，可以利用本公司的资源进行店铺建设和改造。这样做比外包给别的公司便宜，于是可以产生 1+1>2 的效果。其他制造商，比如食品原材料制造商、食品原材料销售公司等加盟餐饮业，也同样能够产生类似的效果。

③有利于多店铺经营

如果经营者不是经营餐饮店出身，那么更容易站在顾客的立场上客观地思考店铺的经营策略。这样的经营者没有手工匠人式的偏执，所以更容易经营多家店铺，并取得成功。

●缺点

①因经营门槛过低，容易把餐饮店的经营想象得过于简单

餐饮店的经营门槛是很低的，即使是个人也可以开设餐饮店。所以，在主营业务上已经做出成绩的企业，往往容易产生"只要我想做餐饮业，什么时候都能做"的想法。

大多数普通人做过餐饮店的顾客，对多数人来说，餐饮业可以说是最贴近生活的行业。许多人应该产生过"如果是我，就会这么做""明明这样做才能使顾客增加，为什么不这么做呢"等想法。但是，如果基于以上理由轻视餐饮店的经营，多数情况下会栽跟头。

②容易过度投资

因经营者拥有个人主业，资金相对充足，所以容易在初期投入大量资金。餐饮业在经营方面很重要的一点，就是在创业初期减少投资。资金充足是优势，同时也容易让经营者在初期无法很好地控制投资金额，所以也可以说是劣势。我经常听到，

其他行业加盟餐饮业的公司最后负债累累的消息。

　　如您所见，有个人主营事业的情况下加盟餐饮业，既有优点也有缺点。请大家在利用自身优势的同时，注意规避文中提到的劣势。

Q 021

加盟连锁店有哪些优点和缺点？

加盟连锁店，既有优点也有缺点。我们具体看一下有哪些优缺点。

●优点

①找到优质地段开店的可能性更大

多数情况下，总部会帮助加盟店去寻找店面，找到优质店面的可能性更大。而且，与个体经营的店铺相比，坐拥优质地段的土地所有者和房东更愿意与连锁加盟店打交道。

②总部会投放宣传广告，有利于吸引顾客

连锁品牌有知名度，而且会投放宣传广告。比起个体经营的店铺更能吸引顾客。

③即使缺乏经营餐饮店的相关技术和知识也没关系

总部会不时提供与经营相关的帮助，被称作 SV（supervisor）的监督员也会向店主提供指导意见。另外，由于产品开发的工作由总部负责，所以即使经营者对烹饪技术一无所知也不会妨碍店铺的运营。

④总部具有较高知名度的前提下，容易吸引优质人才

在总部具有知名度的前提下，在招聘方面，连锁加盟店比自营店铺更有优势。哪怕工资水平相同，也比后者更容易招揽到优秀人才。

● **缺点**

①投资额巨大，一旦经营失败就容易背上巨额债务

许多连锁店最初都是需要加盟费的。而且，连锁店的店面规模容易过大，有些店铺还必须是全新修建的。如此一来，势必要在初期投入大量资金，一旦失败便会背上巨额债务。

②无法避免总部及其他加盟店的影响

加盟连锁店最大的劣势在于，总部设计的经营模式存在渐渐与时代脱节的风险。在这层意义上，一旦选择了错误的连锁品牌、错误的经营模式，便会给店铺带来直接的负面影响。此外，无法避免其他加盟店带来的负面影响，其中最具代表性的就是食物中毒等纠纷造成的影响。

③无法发挥自身的独创性

不同区域的顾客接受的产品类型是不同的。但一些连锁品牌完全不允许加盟店更改菜单。一般来说，规模越大的连锁品牌自由度越低。

④需要交纳品牌使用金

每个月需要交纳品牌使用金，品牌使用金通常从营业额中

抽成，有些连锁店的品牌使用金是包含在从总部采购食品原材料的经费中的。多数情况下，不管加盟店赢利多少，每个月都必须向总部交纳品牌使用金。

看过上述几条优点你就会明白，加盟连锁店能够提高创业的成功概率，这一点是毋庸置疑的。但它也存在相应的缺点，例如，一旦经营失败便要背负巨额债务、自由度较低等等。如果经营者介意上述问题，那么还是选择独立经营为好。

总而言之，选择哪种经营形式，完全取决于经营者的想法和看法。

比如，如果你想让顾客品尝自己的原创菜肴，那么最好选择独立经营。但如果你只想做幕后老板，不想操心店铺的日常运营，那么运营机制成熟的连锁店会是个不错的选择。

下面说说我的经验。我服务过的客户中，有些加盟了不靠谱的连锁品牌。结果，有的连锁店总部倒闭，有的因为缺乏自由度生意一直没有什么起色。所以我认为，选择连锁品牌是十分重要的。反过来说，如果出现了能够加入高信誉值的大型连锁品牌的机会，那么即使需要借入大额资金，也应该抓住这个机会。

总而言之，我们需要擦亮双眼，看清连锁店总部经营模式

的策略、潜力及稳定性。要看清这些，最便捷的方法便是分析
该加盟品牌旗下既有店铺的营业额增长情况。有些连锁品牌，
虽然整体营业额呈增长趋势，但那是新店铺不断增加的缘故，
既有店铺的营业额反而下降不少。所以，我建议各位向总部咨
询既有店铺的营业额增长情况，了解一下与上一年相比是增加
还是减少。

Q
022

经营形式⑧

加盟连锁店后，有哪些需要注意的地方？

在这里我为大家列举了三处需要注意的地方。

第一点，前文已经论述过，即"**选择什么样的连锁品牌**"。这一点可以通过下列要素进行判断。

①总部的态度

连锁品牌能否顺应时代的变化，实现可持续发展，取决于连锁店总部的想法与态度。希望大家事先看清楚这几点：总部是否愿意承担相应的责任？总部的经营概念是否与自身价值观相契合？总部的最终目标是要发展到几家店铺？

②业态与产品的优势

业态、产品是否具备其他连锁品牌所不具备的明显优势？品牌旗下的其他加盟店生意是否兴旺？等等。

③特有的规则与束缚

一般来说，分店越多的连锁品牌，规矩越严格。这也可以说是对方自信的象征。但反过来，我们也应该调查对方是否是那种规模并不大，规矩却很多的连锁品牌。

第二点是 **"地段与业态的选择"**。

即使不是连锁店，也应该选择与业态相匹配的地段，这一点是非常重要的。在这一点上经常出现的问题，就是对当地情况不甚了解的总部选择了错误的地段。比如在当地居民认为"根本不可能开居酒屋"的地方开居酒屋等，这就明显违背了地段要与业态相匹配的原则。

比起总部，当地的居民更加了解开店地区的区域特性、流行风俗。因此，我们不能盲目听从总部的意见，必须有自己的判断。

第三点与第二点相近，即 **"不要事事依赖总部"**。

当然，加盟店可以依赖总部，但如果事事依赖，便很难做出正确的经营判断。保持一种强烈的主人翁意识，把所有问题当成自己的问题来处理是很重要的。一旦你具备这种意识，就一定会在某些方面与总部发生冲突。这个时候，就需要你耐心地与总部交涉，尽最大的努力提供能够获得成功的方案。顺利的话，你向总部提出的新流程或新菜单，极有可能被推广到整个连锁集团，被其他加盟店使用。

Q 023

缺乏烹饪经验的人也可以开设餐饮店吗？

许多餐饮店适合缺乏烹饪经验的朋友经营。

比如居酒屋，居酒屋营业额的 30%~50% 都来自饮品，其中包含酒精类饮品。当然，制作饮品是不需要什么烹饪技术的。剩下的能创造一定营业额的就是招牌菜、下酒菜一类的产品。**居酒屋、酒吧、咖啡馆一类的餐饮店，适合缺乏烹饪技术的朋友经营。**此外，**拉面店也一样，对烹饪技术的要求也不高，许多拉面店的老板仅通过自学便开了自己的店铺。**

但是今后，餐饮店能否生存下来，越发取决于能否向顾客提供其他地方无法提供的差异性与价值。

如此一来，能否向顾客提供高质量的独创性产品就变得十分重要了。不能因为本身缺乏烹饪经验，就向顾客提供不够专业的产品，这样是无法获得市场青睐的。我们可以去别的餐厅学习、购买菜谱、加盟连锁餐厅，总之必须使用各种手段提高产品质量。这一点是很重要的，也是我强烈建议大家必须做到的。

Q 024

经营者的资质

成功的经营者有哪些共通点？

经常有人问我成功的经营者有哪些共通点。在我看来，成功人士成功的因素各不相同，反倒是失败者具有许多相似之处。

以下列举的这几类人，创业失败的可能性比较大。

①喜欢把责任推到环境或他人身上的人

经营过程中经常会遇到许多问题。把所有问题归结为自己的责任的人会为了解决问题采取行动，能力自然而然会得到提升。与此相反，喜欢把责任转嫁到自己以外的人或事上的人，通常不会采取行动。其结果就是无法积累经验，增加了创业失败的可能性。

②缺乏经营知识的人

无论你具备多少技术、人脉、声望，但如果没有经营知识，依旧会面临极高的创业风险。缺乏知识也能创业的时代已经一去不复返了。这样的人往往容易在创业之初犯下无可挽回的错误。

其中，我认为最重要的莫过于"市场营销"和"财务"相关的知识。许多餐饮店经营者往往缺乏这两类知识。

"市场营销"分为两类。首先，要判断自家餐饮店的经营概念（产品·服务）与经营目标是否契合。不考虑竞争对手，要判断自家餐饮店是否具备实现自身经营概念的能力。这是战略层面的问题。其次，要看能否举行一些促销活动，投放具有吸引力的宣传广告，吸引顾客上门。这是战术层面的问题。两者相结合才是"足以提升营业额的知识"，具备这类知识是十分必要的。

说到"财务"知识，最重要的就是要了解"损益上支出多少成本是最适当的"（Q051，第 161 页）、"如何进行成本管理"（Q097~Q099，第 297—309 页）、"投资时回收多少资金才是最恰当的"（Q045，第 141 页）等要点。

③对自身技艺过于偏执的人

即使餐厅的菜肴十分美味，也不一定客似云来。即使接待顾客的手法十分高明，生意也未必能变得红火。对自身技艺有自信当然是一件好事，但过分自信或偏执容易影响你的判断力。

我服务的客户中也经常存在这类人，让我常常感慨，作为手艺人做出美味的菜肴或提供亲切的服务，到底与经营不是一回事，虽然两者看起来有相似之处。如果只是想磨炼自身技艺，让自身技艺为更多人所知，那么不如就职于一流餐厅，或者只是把餐厅当作业余爱好来经营。

所谓经营，是有了顾客，有了收益，才成立的一个概念。自己能提供的是什么？顾客需要的是什么？能否提高营业额、产生收益？身为经营者，必须具备处理这些问题的能力。

④不愿意倾听他人意见的人

不愿意倾听家人的意见、周围人的意见、顾客的意见的人，容易失去改变自己的机会，无法做出正确的判断。在经营过程中，确信自己的判断是正确的，并非一件坏事。但我们需要时间验证这种确信是否是正确的。为了做到这一点，就必须倾听他人的意见。一个人如果不愿倾听别人的意见，时间长了，便无人愿意向他提出意见，无人愿意对他伸出援手。

综合上述几点，在施展自身经验与能力的同时，对新事物或自身不了解的事物，保持虚心求教的态度是最为重要的。

所谓经营，必须时常结合现实环境进行调整，否则难以为继。所以经营者也必须具备一种乐于改变的心态。

Q 025

开业之初，有必要向经营顾问做经营咨询吗？

我自己就是经营顾问，所以在这一点上比较有发言权。老实说，负责开业咨询的顾问中，相当一部分人缺乏职业道德。这是事实。要想辨别出不好的经营顾问，就必须注意以下几点。

①指定特定的建筑·内装公司

不能说指定特定建筑·内装公司的经营顾问一定是不好的顾问。但如果一个经营顾问极力推荐某一家公司，多数情况下应该是收取了对方的好处费。好处费可能就是客户佣金的抽成。这类顾问为了获取尽可能多的抽成，非但不会为客户节省装修费，反而会向客户推荐不必要的设备和内装。

②不进行开业后指导

有些顾问只为客户服务到开业前，开业后便不闻不问了。通常应该服务到开业之后才对。因为许多问题只有在开业之后才能看得出来，所以有必要在开业后向客户提供修正指导。并非所有这么做的顾问都是不好的顾问，但其中确实存在一些值得注意的人。

③提供服务前索要高额报酬

需要注意那些提供服务前向客户索要高额报酬的顾问。比如，在合同上写"提前支付全款"之类的条款。这类条款就是我们通常所说的霸王条款了。

当然，我们不能因为某个经营顾问符合以上几点就断言对方一定是不好的顾问。不好的顾问指的是向客户推荐关系户公司，从中收取大量回扣，让顾客进行不必要的改装和施工，开业后对一切事务不闻不问的经营顾问。

这些人往往只看重自己眼前的利益，并没有真心为客户提供指导的想法。有的人拿到开业酬劳后便人间蒸发。这些人多数是确信犯①，以缺乏经营知识的创业者为目标。虽然这样的人不多，但大家还是需要提高警惕，避免遇到类似的不良顾问。

反过来，如果能找到一名值得信赖的经营顾问，那么好处是很多的。在实际操作中，经营顾问往往能提供创业者本身想

---

① 确信犯（又名信仰犯）是指，基于道德、宗教、政治上的信仰而实行的犯罪。确信犯只做自己认为正确的事情，而坚信周围的人、社会、政府的命令、议会立法是错误的，继而进行犯罪。

不到的经营概念及创意。他们还会帮忙介绍优质的装修公司、供应商等，这有助于提高创业的成功概率。与一名优秀的供应商合作，极有可能提高产品质量，降低进货成本。此外，在地段和店面的选择上，经营顾问也会结合自身经验给予指导，让你少走许多弯路。

　　总而言之，**一个好的经营顾问能够帮助你提高成功率、削减资金成本和时间成本。**如果你能够找到这样一名经营顾问，那么你所支付的顾问费用一定会让你感到物超所值。

Q 026 家人 | 家人反对我开餐饮店，该怎么办？

家人反对开餐饮店无非有以下这么几种情况。

首先，如果你的家人对餐饮店经营和经营本身不甚了解，便容易对此感到不安。此时，你需要向家人耐心说明，以获取对方的理解。

另一种情况，是家人担心你是否适合做一名经营者。家人是最了解你的，他们知道你所有的优点和缺点。他们不但了解你社会性的一面，还知道日常生活中的你是一个什么样的人。因此，他们会用最挑剔的眼光审视你。你需要做的，是耐心倾听他们的意见，如果你依然坚信"虽然家人说的话有一定道理，但我一定能成功"，那么不妨放手一博。

反过来，说得严重一点。**如果一个人因为被家人反对就开始烦恼到底应不应该创业，那么在现阶段，他还是放弃为好。**作为一名经营者，如果在尚不能百分之百下定决心的时间点选择创业，那么他很可能会面临失败。

在经营过程中，知识与技术是必需的。但最后决定成败的，依旧是经营者的意志与决心。反过来说，如果你具备铁一般的意志与决心，并且掌握了相关知识与技术，说服家人应该不是一件太困难的事。

第 2 章

开业准备过程中需要做的事及需要了解的信息

Q
027

经营概念·业态①

如何明确餐饮店的经营概念？

在第一章，我反复提及了"经营概念"这个词。在这里，我将正式给它下一个定义。

经营概念原本的意思是什么？一般来说，它指的是"观念"。

但我想从更加单纯的角度理解它，我所说的经营概念，就是指"产品·服务"。**将什么样的产品、什么样的服务，在什么样的地段、什么样的氛围，以什么样的价格出售给顾客**，就是我所说的经营概念。

在明确餐饮店的经营概念时，最好从以下三点进行考虑。

①自己的能力

自己曾经在日式餐厅工作过，具备烹饪技术。或者，非常喜欢拉面，通过自学掌握了制作拉面的独门秘诀。又或者，想在新店铺中灵活运用自己颇为得意的接待顾客的经验等等。总之，可以以自身的能力为中心，思考自家店铺的经营概念。

②在哪里开店？

可以事先决定好开店的场所，或者拜托朋友介绍特定的店面，又或者你自身就拥有土地，等等。总之，如果一开始能够把开店的场所定下来，就能结合地段设计店铺的经营概念。这是最能匹配经营地段的经营概念。

③目标顾客是谁？

你的目标顾客是下班途中 40～50 岁的上班族，还是你最了解的、与你同龄的 20 多岁的年轻人？我们可以先确定目标顾客，然后结合目标顾客的需求，设计店铺的经营概念。关于如何明确目标顾客这一点，我会在下一节详细叙述。

①～③三种方法中，运用得最多的就是①"自己的能力"。许多人倾向于将自己会做的菜肴列入店铺的经营概念中。当然，这绝非坏事。但这种情况下，对地段的要求就比较高了。我们必须选择那些喜欢我们产品、服务的目标顾客大量聚集的地方开店。

关于这一点，请参考接下来的 Q028 和 Q029。

Q 028

如何明确目标顾客?

以下三种方法可以帮助你明确目标顾客,欢迎参考。

①以招牌菜为基准,选择目标顾客

这种方法判断的依据,就是自家餐饮店的招牌菜。比如,如果你擅长做意大利面,那么不妨以女性顾客为目标顾客。如果擅长做高级宴席料理,则可以把目标顾客定位为公司老总或医生级别的人物。

②以地段为基准,选择目标顾客

地段与目标顾客是相配套的。也就是说,选择了某一地段开店,往往意味着选择了自己的目标顾客。因此,如果事先定了开店的地段,最好把目标顾客设定成在该地段最容易吸引到的人群,这么做有助于提高创业的成功概率。

③以未来的预测为基准,选择目标顾客

比如,2007~2009 年这个时间段,是团块世代集中退休的

时间段。团块世代既有消费能力又有闲暇时间，所以，那段时间便涌现出了许多以他们为目标顾客的餐饮店。以未来的预测为基准设定目标顾客，有助于确保、维持一定的市场需求。

Q 029

经营概念·业态③

开设餐饮店时,应该采取怎样的"战略"和"战术"?

■战略是什么?

所谓战略,指的是向"谁",提供"什么"

便宜又好喝的和式居酒屋怎么样?

下班途中想喝上一杯!

居酒屋
+
商务大厦

上班族

目标顾客与经营概念完美契合

所谓战略,简单来说就是指向"谁",提供"什么"。

"谁" = 目标顾客（顾客）

"什么" = 经营概念（产品·服务）

如第 75 页图所示，"向谁提供什么" 就是战略，而制定战略的目的在于使目标顾客与经营概念完美契合。

那么，什么样的战略是正确的，什么样的战略又是错误的呢？

请参考第 78 页的图①。

这个例子中，经营者想在商务大厦开一家面向上班族的可丽饼店。但是，上班族中几乎不会产生"下班途中要不要吃点甜食"的想法。开店地点选在商务大厦，意味着休息日的人流量较少，所以作为商业构想来说，是很难成立的。

那么，针对"刚刚做好的可丽饼"这一经营概念，应该制定什么样的经营战略呢？

请看第 78 页的图②。

"刚刚做好的可丽饼"这一经营概念，最适合的经营战略不是在商业大厦，而是在大型超市开设可丽饼店。在超市开店的话，能够吸引带孩子的家庭主妇、情侣等目标顾客。而且，无论是工作日还是休息日，都能保证一定的客流量。

那么，如果已经开业，店铺地址无法变动的情况下又该怎么办呢？极端一点的做法就是，结合地段改变经营概念。比如，营业地点不变，将经营概念变更为"650 日元手工制作便当"。
请参考第 79 页的图③。

在商务大厦工作的上班族虽然不会想吃可丽饼，但如果有
手工制作的便当，"离工作地点近、方便"这样的因素，对他们
而言还是很有吸引力的。这是大规模改变业态的案例。实际操
作中我们还有其他方法可以改变经营概念，比如通过改变菜单
结构轻微调整业态、变更营业时间等等。

如上所述，正确的战略方案指的是那些使"目标顾客"与
"经营概念"完美契合的方案。此外，战略方案中另一个重要因
素是"竞争对手"的存在。请参考第 79 页的图④。

刚刚那家生意惨淡的可丽饼店转换了业态，变成"650 日元手
工制作便当"店之后，生意终于稳定下来，营业额也获得了提升。

然而，舒心的日子没过多久，隔壁突然出现了一个竞争对
手。竞争对手的经营概念是"380 日元超大份便当"。上班族们
吃过之后，认为："分量很足，价格也便宜，还是选 380 日元的
便当吧！"竞争对手最大的威胁在于，它的出现使上班族"找不
到去 650 日元便当店的理由"。简而言之，在如今这样一个竞争
对手层出不穷的经营环境里，餐饮店时常要面临顾客被抢走的
危险。

■正确的战略、错误的战略

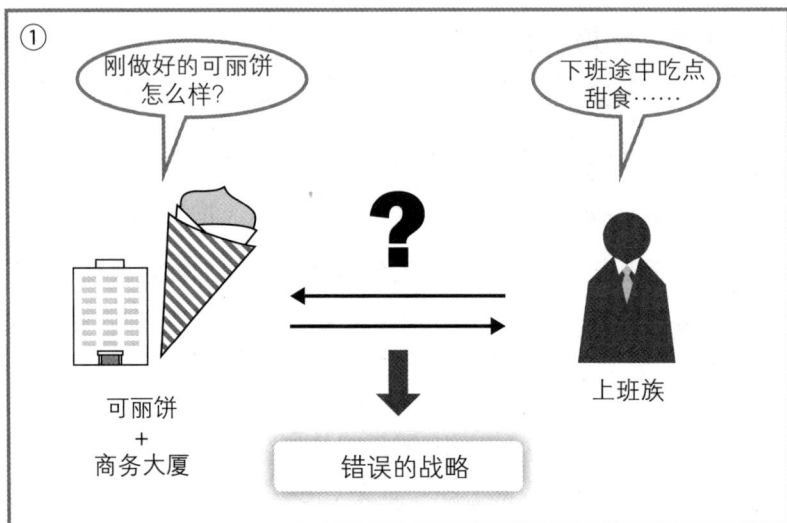

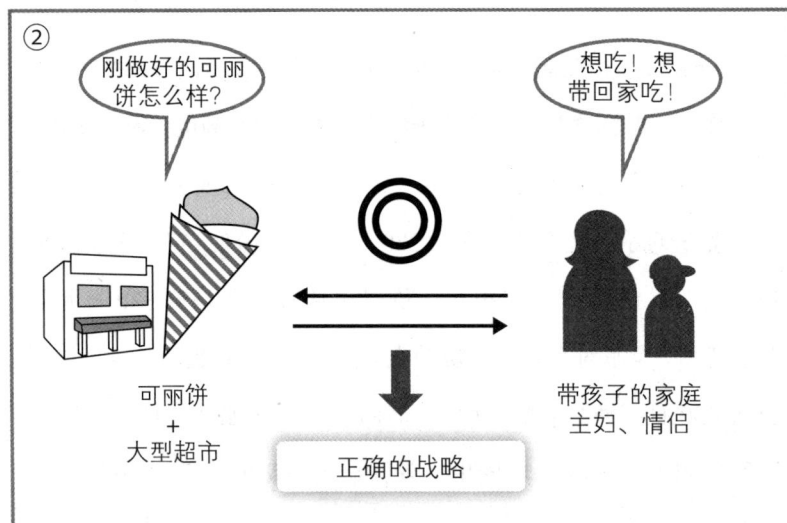

① 刚做好的可丽饼怎么样？ 下班途中吃点甜食……

可丽饼 + 商务大厦

? 上班族

错误的战略

② 刚做好的可丽饼怎么样？ 想吃！想带回家吃！

可丽饼 + 大型超市

带孩子的家庭主妇、情侣

正确的战略

■ 正确的战略与"竞争对手"的存在

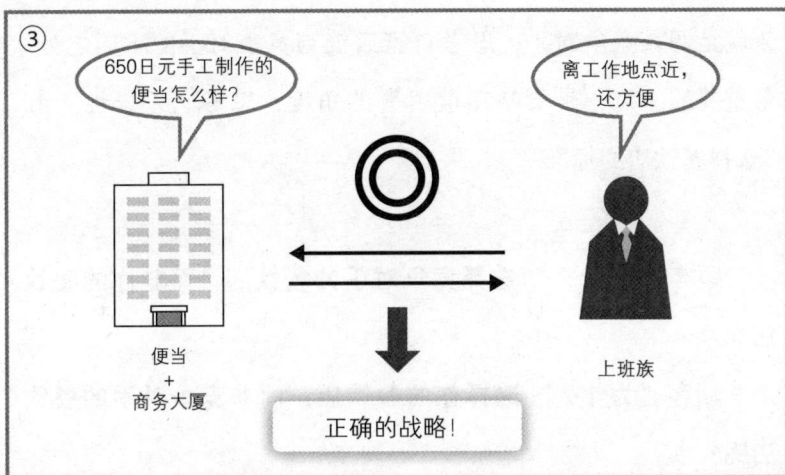

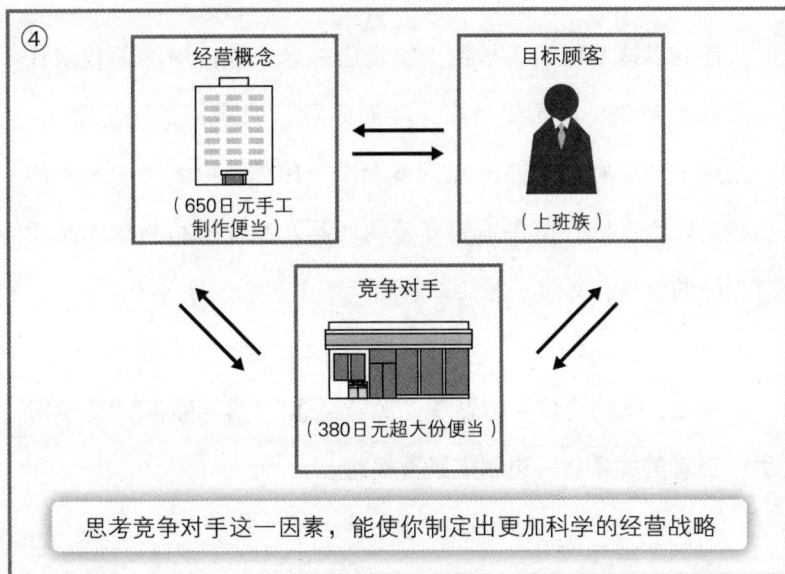

③

650日元手工制作的
便当怎么样?

离工作地点近,
还方便

便当
+
商务大厦

正确的战略!

上班族

④

经营概念

（650日元手工
制作便当）

目标顾客

（上班族）

竞争对手

（380日元超大份便当）

思考竞争对手这一因素，能使你制定出更加科学的经营战略

制定战略方案时，首先要明确经营概念与目标顾客。接下来就是调查竞争对手，思考自家店铺与竞争对手的不同之处。最重要的一点，是要站在消费者的角度，思考"差异性"和"选择餐饮店的标准"。

顾客"为什么"选择竞争对手的餐饮店，而非你的餐饮店呢?

顾客"为什么"选择你的餐饮店，而非竞争对手的餐饮店呢?

还是以这个便当店举例，便当店的老板在此时必须找出让消费者舍弃 380 日元便当店，转而光顾自家店铺的明确理由，并把这个理由融进店铺的经营概念中。比如，以大厦中工作的白领女性为目标，销售她们喜爱的产品;制作价格稍贵但品质有保障的便当;等等。需要革新经营概念。

总之，我们应该一边思考"经营概念""目标顾客""竞争对手"三者的关系，一边制定经营战略。

经营战略能帮助我们打造出一家无论处于怎样的经营环境，都能生存下来的餐饮店。

"战术"是与"战略"相对应的一个概念。

我给它下的定义是，**所谓战术，指的是定好经营概念与目标顾客之后，为吸引目标顾客投放的广告、采取的促销手段。**

简而言之，我们日常生活中所说的广告·促销就是"战术"。从本书的 Q087（第 262 页）开始，我为大家介绍了一些广告·促销的实例，欢迎参考。

如前文所述，要想制定一份正确的战略计划，必须思考"经营概念""目标顾客""竞争对手"三者之间的关系。如果在根本性的问题上犯了错误，那么无论投放多少广告，做多少促销活动，都无法使营业额有本质性的提升。执行错误战略的餐饮店，如果投放大规模广告，做大规模促销活动，可能有一时的效果，但最终营业额还是会回到原本的状态。所以"战略"远比"战术"重要，是需要优先考虑的。

但这并非意味着"战术"不重要。如果没有广告·促销，餐饮店将很难持续提高营业额。所以，对餐饮店的经营者来说，**首先应该制定一份正确的"战略"，然后实施"战术"。**按照这个顺序思考问题，有助于大幅度提升营业额。

经营概念・业态④

个体经营的餐饮店有可能在"战略上"打败大型连锁餐厅吗?

胜利的标准是各种各样的。但餐饮店的情况是,餐位数往往可以左右整个餐厅的营业额。个体经营的餐饮店要想打败大型连锁餐厅,必须具备相应的餐位数。在这层意义上,**小规模的个体餐饮店很难单纯在营业额上打败大型连锁餐厅。**

但是,我们可以谋求战略上的胜利。所谓战略上的胜利,指的是**让许多顾客认为,比起家门口的连锁餐厅,个体餐饮店更有价值。在连锁餐厅营业额持续下滑的情况下,让自家餐厅保持业绩连年增长的状态。**

我们一起来看一个具体的案例。案例的主角是位于富山县黑部市的一家名叫热那亚的西餐厅。这家餐厅位于国道沿线,有三十个餐位,开业时间约三十年,是一家老字号餐厅。距离这家餐厅开车三分钟可到达的地方,有一家大型连锁家庭式餐厅①。两家餐厅有许多相似的菜品。我为这家老字号餐厅提供服

---

① 家庭餐馆。建于郊外住宅区及干线公路旁、面向家庭的连锁餐馆。

务前，打听过他们的营业情况。从十五年前开始，也就是泡沫经济①崩盘之后，餐厅营业额就开始直线下滑，近年来更是连年亏损。在十年前，那家大型连锁家庭餐厅开业了。自那之后，老字号餐厅的营业额下降得更加厉害，明显被对方抢走了一批顾客。

这家餐厅在接受了我的建议之后，确定了定期休息的日子，但营业额没有下滑，反而得到了提升，几乎连续 43 个月超过了上年同期。营业额低于上年同期的只有两个月，其中一个月正好遇上三连休，另外一个月也有明确的原因。而且，营业额达到了改革前的三倍。可以说，实现了真正意义上的触底反弹。热那亚成功的秘密在于，它在战略上打败了距自己三分钟车程的大型连锁家庭餐厅。

原本热那亚的价格水平是这样的。除午餐外，西餐单品（肉类等）是 1000 日元，搭配米饭和汤是 1400 日元，加上咖啡要 1600 日元。在顾客看来，这样的餐厅"好吃是好吃，就是有点贵"。

为此，他们开发了新的招牌菜品——"可以选择的组合套

---

①　日本泡沫经济是日本在 20 世纪 80 年代后期到 90 年代初期出现的一种日本经济现象。这是日本战后仅次于 60 年代后期的经济高速发展的第二次大发展时期。这次经济浪潮受到了大量投机活动的支撑，因此随着 90 年代初泡沫破裂，日本经济出现大倒退，此后进入了平成大萧条时期。

餐"。套餐里可以选择两道西餐单品，搭配米饭和沙拉总共 780 日元，加任意饮品为 980 日元。此外，他们还对其他菜品进行了大幅度的改良，与此同时，还将店内的漫画换成了人气漫画，并一口气添置了许多新漫画。如此一来，渐渐吸引了许多上班族、带小孩的父母、情侣、单身男性顾客前来光顾。

在那家与热那亚竞争的家庭餐厅，点一份套餐大约需要 800 日元，加上自助饮料茶位费接近 1000 日元。如此一来，顾客便渐渐倾向于光顾提供手工制作的美味菜肴，并摆满漫画的热那亚了。

单从营业额来看，热那亚赢不了餐位数众多的家庭餐厅。但是，它在战略上打败了对方。因为目前，一些顾客只会在热那亚满座的情况下，选择附近的家庭餐厅。附近的那间连锁家庭餐厅，目标顾客与热那亚有些许不同，所以无法计算这种情况给对方的营业额带来了多大影响。但完全可以说是"报了一箭之仇"。

■ 大幅度修改后的热那亚餐厅菜单

旧菜单（图）

人気の自家製ハンバーグステーキ　全品サラダ付

- イタリアン（チーズ焼、トマトソースのハンバーグ）……¥1,000
- ガーリックバターしょうゆ味…………………………¥1,000
- クリームソース………………………………………¥1,000
- きのこたっぷりのクリームソース…………………¥1,150
- 大根おろし和風ソース………………………………¥1,000
- きのこたっぷりの和風ソース………………………¥1,150
- ジャンボハンバーグ（上記のハンバーグの1.5倍・約280gの大きさ）　プラス300円

アラカルト　全品サラダ付

名水ポークガーリックソテー

- 牛肉鉄板じゅうじゅう焼（和牛の生春肉）…¥1,000
- 豚肉鉄板じゅうじゅう焼（名水ポーク生春肉）…¥700
- 名水ポークガーリックソテー（ガーリックバターしょうゆ味）……¥1,000
- 名水ポークソテー和風（特等ダレと大根おろしであっさりヘルシー）……¥1,000
- 名水ポークカツイタリアントマトソース…………¥1,000
  （チーズを載せて焼いたポークカツ）
- チキンソテーピリ辛香草焼トマトソース…………¥700
- チキンソテーイタリアン（チキンのチーズ焼トマトソース）……¥700
- チキンソテー梅肉ソース（梅干しと青じそのさわやか風味）……¥700
- エビフライ………………………………………¥750

新菜単（图）

经营概念·业态⑤

目前最流行的业态是什么？今后最容易成功的业态是什么？

想知道目前流行什么业态的朋友，大概是想套用该业态，借着流行的东风，带旺自家店铺的生意。但事实上，追逐流行趋势很可能带来反效果，甚至会增加餐饮店倒闭的风险。

产品必然有它的寿命。这一过程被称为**"产品生命周期"**。下列图表用曲线图的形式描绘了产品从诞生，到发展，到成熟，再到衰微的全过程。

■产品生命周期

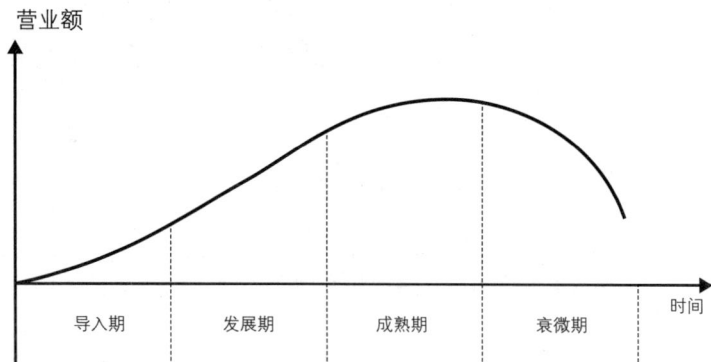

该图有固定模型，导入期短的话，成熟期和衰微期也会相应变短。也就是说，目前正流行的业态，其实正在经历短时间内从导入期过渡到发展期、为大众所知的状态。一种业态刚诞生就获得迅速发展，往往意味着它的生命周期不长，也就是说，容易变成"短命餐厅"。

大家可以回想一下 2005 年前后，在日本全国范围内掀起热潮的成吉思汗烤肉。此类餐厅一出现便蔓延至全国各地，数年后便逐渐衰微，渐渐退出餐饮市场。这一案例告诉我们，盲目地追随潮流，可能会吃大苦头。

比起效仿目前流行的业态，我们更应该从另一个角度来看待问题。那就是思考今后什么样的业态更容易获得成功。

话虽如此，准确预测今后流行的业态可不是一件容易的事。在这里，我只能为大家预测今后餐饮业发展的大致方向。

首先，**酒精类饮料业态的市场占有率将不可避免地缩小**。年轻人对酒精的依赖程度越来越低，由此可以推测出，今后饮酒的人群会减少一大半。但居酒屋的市场规模是非常大的。所以，如果能在居酒屋的领域闯出一片天地，后续发展是不用担心的。

要想在居酒屋这一领域生存下来，最重要的是找出能与竞争对手区别开来的差异化要素。目前，许多消费者认为"并没有几家居酒屋值得重复光顾"。因此，经营居酒屋，要注意在保证品种多样性的同时，研发出可以作为"镇店之宝"的招牌菜色。

其次，**今后外卖·外送服务行业将得到进一步发展**。长远来看或许会受到人口老龄化、出生人口数量减少的影响。但短期来看，随着单身人士·夫妻共同工作的家庭的增加，人们在家做饭的机会将变得越来越少。其结果，就是促使午餐市场进一步扩大，与此同时，带动了外卖、外送服务的需求。

另外，**今后早餐市场有扩大的可能性**。从前，人们都认为在家吃早餐是一件理所当然的事。但今后，越来越多的人或许会选择在餐饮店购买、食用早餐。随着**家庭构成小规模化**、晚婚化的发展，以及离婚率的不断提高，一个家庭所有的人口数量会越来越少。今后，大家或许不会像从前那样，一家人聚在一起吃早餐，而是各自选择自己想吃的早餐，来满足需要。"早餐麦当劳""早餐咖喱饭""早餐拉面"等词语也将变得越来越日常化，外出吃早餐将变成一件稀松平常的事。

此外，虽然午餐的外食需求一如既往地坚挺，但相对地，竞争对手也比过去多了许多。特别是连锁餐厅，势力不容小觑。

在这样的竞争环境下，我们需要做的是，向消费者提供不输于
连锁餐厅的高价值产品或服务。

最后，从目标顾客这个角度来说，**能抢占 60 岁以上高龄人
士这一市场的企业，今后将取得巨大成功**。比如，近年来不断
开设分店的自助式乌冬面店——丸龟制面，其主要顾客就是
50~60 岁的消费者。能够考虑到高龄人士的需要，让他们轻松
就餐的业态，今后必将大受瞩目。

Q 032

移动小吃摊看起来挺好上手的，可以赚到钱吗？

老实说，除了一部分生意相当火爆的小吃摊之外，移动小吃摊可能并不能让你赚到很多钱。原因主要有以下三个。

①顾客的平均交易金额太低

移动小吃摊出售的商品，其客单价①大多低于 1000 日元。如果客单价仅为数百日元，那么就需要吸引大量顾客才能保证营业额。因此多数小吃摊的营业额并不高。

②能够出售商品的时间较短

移动小吃摊基本的营业形式，是将移动小吃车停在人流量密集的店铺、公共设施、场馆附近，吸引往来的顾客。也就是说，只有在店铺营业的时间段，或活动举办的时间段，才可能迎来一拨好生意。此外，许多小吃摊的营业时间仅限于白天，到了夜晚便没有什么人光顾，同时极易受到天气的影响。因此，

---

① 是指每一个顾客平均购买商品的金额，客单价即是平均交易金额。

移动小吃摊是一种出售商品有效时间较短的业态。

③很难开设分店

移动小吃摊包括营业额在内的现金管理极为烦琐，很难拜托店员处理相关事宜，最后只能店主或者亲属亲自上阵。所以很难开设分店，提高利润。

Q 033 经营概念·业态⑦
如何为产品和服务定价？

近年来，顾客越来越看中餐饮店的价格性能（价格对应的价值，我将会在第115页的Q040中详细论述这一点）。经历过通货紧缩、使用过便宜商品的消费者渐渐学会了思考这样一个问题——"这件商品真的值这个价吗？"消费者开始在**餐饮店的产品与服务上寻求此前从未有过的"价值"**。

下面，我将为大家介绍在这样的大环境中，如何为产品与服务科学定价。从前，大家多采用"原材料价格×3"的公式来为餐饮店的商品定价。现在，也有一些餐厅是以原材料的价格来定价的。但这么做，很难将餐饮店打造成人气餐厅。

我向大家介绍的方法，一言以蔽之，就是**通过参考周边竞争对手的价格来定价**。首先，我们要调查周边竞争对手的菜单与定价，然后设定具备竞争性的价格。所谓竞争性，并不是越便宜越好的意思，而是指要提供给顾客超越价格的价值。

举个例子，你的周围都是连锁餐厅，午餐的定价大多为500日元左右。在这种情况下，我并不建议个体经营的店铺与对方打价格战。我们应该做的，是极力赋予对方无法提供的产品价值，此时，即便定价达到 750 日元，也可以在性价比上赢过对方。

与此相反，假设你的竞争对手是一家客单价为 5000 日元，但能够提供高水准料理的居酒屋，无论你怎么精进烹饪技术都无法在味道上胜过对方。此时，你便可以将价格定得稍低一些，以 3000 日元左右的客单价为顾客提供相应的价值。这种情况下，我们是完全可能在营业额上超过客单价 5000 日元的餐厅的。

也就是说，所谓价格，是要在战略上有了全盘制胜的方法后才能定下的因素。这就需要我们对顾客的情况和竞争对手的情况有一个正确的了解。请一定不要单凭原材料价格或自己的感觉就草率定价。我们应该结合顾客需求与竞争对手的实际情况，来决定包括价格在内的所有经营概念。

我曾经也有过为所服务的客户决定产品价格的机会。我发现，越是可能成为招牌菜的产品，在定价方面越需要慎重。**价格仅相差数十日元，都有可能给顾客带来完全不同的印象。**因此，我们必须站在客观的角度思考"经营概念""目标顾客""竞争对手"三者之间的关系，为产品设定合理的价格。

Q 034

车站附近、郊区、繁华的商店街、住宅区，哪种地段更加适合开餐饮店呢？

此前我已重复过多次，选择什么样的地段，取决于自家店铺的经营概念和目标顾客。也就是说，仅考虑地段本身，是很难做出判断的。在这里，我将为大家简单介绍一下各类地段的特性。

①车站附近

车站附近人口密集，便于招揽顾客。对于出售酒精类饮料的业态尤其有利，对其他业态而言，也属于比较容易招揽到顾客的地段。但多数情况下租金较贵，所以必须提高每个餐位带来的收益（客单价×餐位周转率①），创造出足以应付高铺租的营业额。

②郊区

郊区与车站附近最大的不同点在于，前来光顾的顾客中很

---

① 又称"翻台率"，指的是一天当中，一张餐桌被重复使用了多少次。

大一部分都是有车一族。另外，郊区型餐厅容易吸引家庭型顾客、高龄顾客，易于扩大顾客范围。但此类餐厅大多沿交通干线而设，需要配备停车场。如果在地段较好的位置，可能要面临与连锁餐厅的残酷竞争。

③繁华的商店街

在繁华商店街开店的餐厅，近年来普遍为招揽顾客的问题感到烦恼。其原因之一，就是郊区开设了许多大型购物中心，导致去商店街的人越来越少。尤其是那些老牌商店街，此类状况更加明显。而且，这种现象并不是孤立的，全国范围内都普遍存在。当然，并非所有商店街都是如此，还是要具体问题具体分析。所以，如果你看中了某一地段，最好在调查了该商店街的人流状况后，再做决定。

④住宅区

开在住宅区的餐饮店，其主要顾客往往是附近的居民。所以有必要事先掌握附近居住的都是什么类型的消费者。是老年人、高龄者较多的旧式小区？还是孩子尚年幼的年轻夫妇居住的新式小区？又或者是高收入群体聚集的高档小区？总之，必须根据附近居民的特性，调整餐厅的经营形式。

一般来说，住宅区交通量并不大，不利于餐厅打响知名度，其结果就是导致许多餐厅知名度较低，不易招揽到顾客。但是，一些经营私房菜的特色餐厅，往往比较适合开在住宅区。

总的来说，地段与目标顾客关系密切。比如，开在学校附近的餐厅容易吸引学生，开在商业街的餐厅容易吸引上班族。换言之，选择了某一地段，往往意味着选择了将来的目标顾客。因此，我们必须对地段的选择慎之又慎。

Q 035 | 地段② | 人口密集的市中心与人烟稀少的郊区，到底应该选择哪种地段呢?

市中心与郊区，都有各自的优缺点。

人口密集的地段，虽然容易取得较高的营业额，但竞争对手较多，铺租也较贵。人烟稀少的地段，虽然竞争对手较少，铺租也较便宜，但很难提高营业额。

前文中我已重复提到多次，好的地段，必须与业态相匹配。

举个例子，假设你要开一家以年轻男性为目标顾客的蘸面店，这种情况下，就比较适合在人口密集的市中心开店。市中心的租金虽然昂贵，但蘸面店这种业态，其特点在于即便是面积不大的店铺，也可以通过提高餐位周转率的方法，确保一定的营业额。

与此相反，假设你想开的是一家以家庭或各种年龄层的消费者为目标顾客的中餐馆，人烟稀少的地区则更能满足经营需要。因为经营郊区的中餐馆，需要面积较大的店铺和一定规模的停车场。郊区虽然人烟稀少，但可以通过扩大目标顾客范围的做法确保营业额。

Q 036

只要味道好，在任何地段开店都能取得成功吗？

这是厨师极易陷入的一种误区。我建议各位最好丢掉"只要味道好，在任何地段开店都能大受欢迎"的想法。以我的经验来看，无论在什么地段都能吸引到顾客的美味佳肴，能够做出这种美味佳肴的人，100 人中可能只有一个。也就是说，**99%的人都不可避免地受到地段的影响。**

不管一家餐厅的菜肴多么美味，如果它开在无人问津的地段，也是不可能有好生意的。

我们看书或杂志时，经常会看到某某餐厅开在十分不起眼的地段却大获成功的报道。这些例子被当成成功事例大书特书，容易使人产生一种错觉，认为自己也可以像报道的那样取得成功。事实上这不过是幸存者偏差，如果不具备超乎寻常的能力，不付出超乎寻常的努力（除了美味的菜肴外，还要具备其他因素），是不可能取得成功的。

这样的成功是不可复制的，所以作为普通人，我们还是应该慎之又慎地选择地段。

Q 037

调查

怎样调查地段和竞争对手?

每当有人问我"开餐饮店最重要的因素是什么"时,我总是会回答"地段与经营概念的贴合度"。也就是说,**在你决定店铺的经营概念时,一定要把"地段列为最重要的考虑因素"**。

开业前调查地段和竞争对手,最重要的目的是明确在这一地段开设餐饮店应该采取怎样的战略,以及预测今后能够确保的营业额。在开业前,如果能预测出今后可以确保多少营业额,是会提高成功率的。

反之,许多餐饮店因为营业额预测错误,而落得被逼至破产的境地。为什么会这样呢?因为所有费用与支出都是要从营业额中扣除的。如果实际营业额比预测的少,那么店铺会亏损,资金运转就会出现问题。

如果能事先了解调查方法,知道哪些地段是应该避开的,就能有效提高成功率。那么,怎样做才能对营业额有一个粗略的估算呢?答案就是**了解"周围市场的饮食需求有多大"**。

比如,有些地段的拉面店生意火爆,居酒屋却门庭冷清。

这样的地段就是"对居酒屋需求量较少的地段"。在这种地段经营居酒屋是很难有好生意的。为了了解类似这样的事实,我们必须事先对地段、竞争对手展开调查。可能成为竞争对手的店铺每天的客流量是多少?在以怎样的价格提供怎样的产品?通过了解以上信息,可以对周边的饮食需求有一个大概的预估。

此外,仔细调查竞争对手,有助于我们明确自家餐厅的定位,思考出应该采取的战略。

在这里,我将为大家介绍几种简单却高效的、调查竞争对手的方法。

●模式 A "虽然找到了店面,但这个地段好吗?"

这个方法可以帮助我们确认自家店铺的经营概念是否适合该地段。

①前往周围生意最火爆的餐厅,调查什么样的消费者、在什么样的场景下享用什么价格的什么菜肴。

通过以上调查,我们可以了解该区域有饮食需求的目标顾客是哪些人,以及他们愿意在什么样的场景下就餐。不需要调查与自家经营概念相关的餐厅,需要调查的是当地最受欢迎的餐厅。

但是，有一点值得注意。如果当地最受欢迎的餐厅是"知名度极高、营业时间较长的老字号店铺"，那么请将该店铺从调查对象的名单中画去。此类店铺大多会在范围更广的商圈吸引顾客，与当地的饮食需求并无太大关系，所以不具备参考价值。

②调查生意火爆的竞争对手（与自身经营概念相近的餐厅）

接下来，我们需要使用①的调查方法来调查生意火爆的竞争对手。光顾竞争对手的餐厅的顾客也很有可能光顾自家餐厅。

③用"面"的思维方式调查周边竞争对手

这是最重要的步骤。说起调查竞争对手，人们往往认为了解了特定竞争对手的营业额就足够了，故而常常进行"点"的调查。调查竞争对手的营业额自然是必要的，但在此之前，我们必须对周边区域的饮食需求有一个大概的了解。具体来说，就是要调查在同一时间点、同一区域内，周边餐饮店有多少顾客。

举个例子，我们把时间设定为工作日晚上八点至九点，然后在附近找出二十家足以构成竞争关系的居酒屋，挨个进去计算店内的顾客。因为调查时间只有一个小时，所以没有时间在店里用餐，只能直接走进去，计算店内的顾客。或许有人会说

"不吃饭的话，别人是不会让我们进去的"。在这里，我教大家几种我们公司常用的方法。

第一种，就是向店员咨询"我们想预约这里的座位，最多可以容纳多少人呢?""下次我们来的人很多，有包厢吗?"等问题，让对方带你进入店内。多数餐厅的大厅及包厢都在最里侧。在对方带你去包厢的过程中，可以趁机计算顾客人数。这个过程也是与对方店员打交道的过程，可以对对方的服务水平有一个大致的评估。但因为最终并不会预约那里的座位，所以你可能会产生一种亏欠感……

第二种，就是一边装作用手机打电话，一边进入餐厅的方法。可以一边对着手机问"你在哪儿"，一边走向餐厅的里侧。这种方法多少需要一点演技，可能会让人觉得不好意思，但却能在短时间内帮我们调查规模较大的餐厅。

我们可以更换日期、时间段进行此类"面"的调查。比如，经过调查之后发现了以下事实。虽然在周末的时候，每家居酒屋都爆满，但到了工作日，却几乎都是空荡荡的。由此我们可以得出结论，如果选择在这一地段经营居酒屋，那么工作日的客流量会是一大问题。这是在考虑餐厅的产品质量、服务质量之前必须考虑的问题。简而言之，这个地区本身就存在"工作日，人们对居酒屋需求量较少"的问题。

④通过比较自家餐厅与竞争对手的菜单、氛围、服务、价格范围的不同之处，来了解需求

进行了数天③的调查后，我们就能清楚地知道顾客愿意去哪家店，不愿意去哪家店。也能详细了解这个区域容易招揽的是哪些顾客，什么样的餐厅才能获得较高的营业额。这个时候，我们需要去哪些生意火爆的餐厅用餐，切实调查对方的客户类型、就餐场景、产品、服务、价格、氛围等信息。

经过③的调查后，我们知道了哪些餐厅容易招揽到顾客。下一步就是带着"为什么这家餐厅能招揽到顾客？"的疑问进行调查。很多人调查竞争对手时，只是去对方店里吃一餐饭，然后得出"如果把菜做到这种水准，就能赢"的结论。这种调查方法只能帮我们获取味道、服务等一部分信息，所以很有可能给我们带来错误的引导。

接下来最后一步，就是预估在这一地段开店，可能获取的营业额。在这个过程中，需要和竞争对手大致的营业额做一个客观的比较。当附近存在强有力的竞争对手时，你需要思考自家餐厅能招揽到多少顾客。需要在假设餐位数、客户类型、就餐场景、客单价的基础上，预估营业额。

准确预测营业额是一件非常难的事，因为营业额受各种因素影响。但若只是粗略的估算，凭借步骤③的结果就可以很容易推算出来。

总而言之，最重要的是"该地区餐饮需求量的大小"。通过步骤③的调查，我们可以掌握其市场大小。基于该市场大小推算出来的营业额，不可能发生太大偏差。因此，预估营业额时需要注意的一点是，不要从自家餐厅的味道、价格、服务等出发点去考虑，而应该基于周边餐饮店客流量，也就是"餐饮需求大小"去考虑。

●模式 B "已经有了经营概念，应该选择什么地段呢?"

与前文提到的模式 A 不同，这个方法可以帮我们找到适合自家经营概念的地段。

①找出同类型餐厅较多聚集的区域，调查竞争对手

成功率最高的方法，就是找出同类型餐厅的聚集区域，找到任何餐厅都比较容易招揽到顾客的黄金地段。但是，究竟是不是黄金地段，不经过调查是不知道的。所以，还需要进行前文所说的"面"的调查。

如果真的是任何餐厅都容易招揽到顾客的黄金地段，那么你的餐厅也应该能够招揽到顾客。但如果目前，该地区的多家餐厅都在为吸引顾客而绞尽脑汁，在该区域开店可能会伴随巨大风险。几年前客流量极大的区域，因为新道路的开通、车站或线路的变化、大型购物中心的开设等而变得人烟稀少，无法

吸引到顾客，这样的案例也是存在的，需要多加注意。

②通过与竞争对手比较预估营业额

下一步就是和前文的步骤④一样，通过和竞争对手进行全方位的比较，预估营业额。

前文已重复多次，"我家的产品质量好，所以生意一定能超过竞争对手"，这样的预测是伴随着风险的。更加科学的预测方法是"竞争对手平日的客流量是××人，所以我们餐厅的客流量大概也这么多"。比起经营概念，我们更应该相信"实际的餐饮需求量"。

但是，如果你的餐厅已取得实绩，变成了人气餐厅，那么完全可以以经营概念为基准预测营业额。反之，如果是初次创业，使用的是未曾被市场检验过的经营概念，那么就需要从餐饮需求量出发预测营业额，并根据预测出来的营业额控制成本。如果实际营业额大大超出预期，那也是令人惊喜的估算错误，不会有任何问题。

如果按照以上方法，调查地段与竞争对手绝不是一件难事。但许多经营者并不知道调查方法，无法进行正确的调查，结果造成实际营业额远低于预测营业额的情况。

只要花一点点时间和精力，就能够大幅度提高成功率。在我们确定店面之前，一定要进行调查！

Q 038 寻找人才

哪里能够寻找到手艺高超的厨师和店长？

获得优质人才可以说是当今餐饮业最重要的课题之一。所有餐厅都在寻找优秀人才。但是，招揽到手艺高超的厨师和可靠的店长不是一件容易的事。许多途径可以帮助我们招揽人才，下面我将分别介绍它们的特征。

①职业介绍所①

通过职业介绍所，你可以招募到所有类型的人才，厨师、店长预备役、兼职人员等等。虽然填写材料和办理手续需要花费一点时间，但可以免费刊登招聘广告。

但是，如果大型企业或有名的餐厅给出的薪资福利不高，优秀人才应聘的可能性也不会太大。尤其是最近，市场上增加了不少50岁以上的求职者，许多企业甚至遇不到年轻又有干劲的求职者。50岁左右、有餐饮店烹饪经验的男性，以及50~60岁、性格开朗、手脚麻利、愿意做兼职的女性倒是很有可能前

---

① 劳动就业培训中心。日本公共职业安定所的通称。是劳动省公开征集的取代"职安"的称呼，1990年开始使用。

来应聘。

②熟人介绍

也可以请餐厅工作人员或自己的熟人帮忙介绍。虽然市场上的招聘途径很多，但通过熟人介绍招聘到优秀人才的概率是最高的。因为那些能够帮助经营者寻找人才的员工，本身就值得信赖。这样的人愿意担保所推荐的人，所以他们所推荐的人大多是踏实可靠的。

为了提高员工的积极性，我们可以对介绍人才的人进行嘉奖，发放一些津贴。比如"介绍一名兼职人员，给予一万日元奖励"这样的形式。许多企业都在使用这种方法招募优秀人才（但是，如果公司的薪资规定中没有写明此种情况下可以发放津贴，则有可能违反《职业安定法》①，因此要向当地的劳动标准监督署②咨询后实施）。

③专门刊登招聘信息的杂志

可以向专门刊登招聘信息的杂志交纳广告费，刊登招聘广告。虽然杂志的招聘范围广泛，涵盖了从兼职到正式员工的所

---

①　日本有关保护工人就业（如进行职业介绍和职业指导等）的法律。昭和二十二年（1947）公布。

②　日本厚生劳动省的地方派出机构。负责监督劳动标准、发放最低工资法和工伤赔偿等的实施。

有职位，但这种方法还是比较适合招聘兼职人员。在所开设餐厅的附近区域，应该会有好几家专门刊登招聘信息的杂志。如果有时间，可以尝试在多家杂志社刊登广告，并找出最具影响力的杂志。

④招聘网站

有的经营者只会在网站上发布招聘信息，有的会同时利用网站和杂志两种渠道。与纸媒相比，招聘网站大多收费低廉。较少使用互联网的老年人不太会通过这种渠道应聘，应聘的多数是年轻人。

此外，许多招聘网站都是成果报酬型的。也就是说，企业可以免费刊登招聘广告，但一旦成功录用，就必须支付一定的手续费。兼职人员的费用相对较低，正式员工费用较高，一般为年收入的 20%~30%。

⑤收费型职业介绍所

还可以通过人才中介公司、职业介绍所招募人才。招募厨师时，可以委托当地的厨师协会等机构介绍、派遣厨师。

⑥厨师学校的内部推荐

可以委托厨师学校帮忙介绍毕业生。有的厨师学校或许只会和信誉良好，或者有过合作关系的企业打交道。但我们可以试着上门打个招呼，咨询一下。应届毕业生虽然不如老手有经验，但胜在白纸一张，可以从零开始灌输企业理念，今后或许能成为十分可靠的员工。

⑦在店门口张贴告示

如果已经有了自己的店铺，可以在店门口或告示板上张贴招聘启事。在人流量较多的区域，这种方法比想象中的有效得多。也不需要花费太多成本，不妨一试。

⑧挖人

这种做法是好是坏暂且不论。但从别的餐厅挖掘优秀的厨师和店长已是业内常态。可以通过中间人牵线搭桥，也可以直接去对方工作的地方，递上名片、表明来意。

Q 039

有没有高效的开发菜品的方法？

菜品是餐饮店能否成功的关键。在竞争对手层出不穷的现在，开发优质菜品变得越来越重要。从我创作前一本书——《餐饮店"开设·经营"方法》的 2009 年开始，菜品的独特性（味道、价格性能）已经变成左右营业额的一大要素。

我在向顾客提供咨询服务时，也曾多次建议对方开发新菜品，但这绝非易事。尤其对那些缺乏烹饪经验的经营者来说，就更难了。而这部分人着实不在少数。在此，我将介绍六种方法，帮助大家开发新菜品。

①去离自己稍微远一点的区域寻找知名餐厅，向其请教

可以去远离自己的餐厅、不构成竞争关系的区域寻找知名餐厅，向其请教。如果能表现出自己真的非常喜欢这道菜、特别想把这道菜摆进自家菜单的决心和虚心求教的态度，对方很可能会不吝赐教。越是个体经营的餐厅越可能将秘诀教授给你。如果对方不愿意传授，也可以加以借鉴、模仿。

②参考连锁餐厅的菜品

比如专做日本料理的厨师可能不太擅长做甜点。此时，便可以参考连锁餐厅的甜点，开发自家的菜品。只要向出售冷冻食品的食品企业咨询，对方便会提供简单的菜谱和食材的一览表。

③在 TABELOG① 上搜索同业态排名靠前的餐厅，参考对方的菜品

在餐饮店口碑网站 TABELOG 上，可以搜索到各地区、各业态餐厅的口碑排行榜。比如，我们可以搜索新宿地区的居酒屋口碑排行榜，然后找出排名靠前的餐厅主打的人气菜品。TABE-LOG 上大多会贴出菜品照片，我们可以参考对方的菜名、菜品照片、价格等，来开发自家的菜品。

④在 Cookpad② 上搜索排名靠前的菜谱，从食材、烹饪的角度考虑菜品

日本最大的菜谱网站——Cookpad 对新产品的开发是很有帮助的。虽然上传菜谱的多数是家庭主妇，但她们的意见也非常

---

① 日本著名的美食评比网站。
② 日本著名的烹饪社交网站，人们可以在网站上上传烹饪配方、做法，交流烹饪心得。

有参考价值，可以为新菜品提供灵感。在 Cookpad 上，不但可以通过菜名，还可以通过食材来搜索菜品。假设你想开发一道以猪肉为原材料的菜肴，就可以在搜索栏上输入"猪肉"这个词条，搜寻相关菜谱。

使用 Cookpad 时最好选择付费模式（注册高级会员）。开启付费模式后便可以看到菜谱的口碑排行榜。排行榜上的都是由众多用户亲手制作后，评选出来的口碑最好的菜谱。简而言之，排在前列的都是许多人认为"好吃"的菜谱。会员费每月只需 280 日元（不含税，截至 2014 年 10 月），可以说相当便宜。

※使用 iTunes 支付时，费用为每月 300 日元。

⑤用菜品评分法分析现有菜品，改良得分最高的菜品

菜品评分法是我在分析菜品时，经常使用的评分法。评分标准为以下四项。

❶成本率：成本率越低，评分越高。

❷品质（产品质量）：单纯指菜肴好不好吃，可以举办试吃会，按照主观感受给予评价即可。

❸受欢迎程度：现阶段点这道菜的人多不多。

❹制作速度：顾客下单后能以多快的速度制作完毕，以及

烹饪所花费的时间精力（是否需要花费很长时间）。

可以以这四点为基准，分三个档次（零分、两分、四分）打分。

比如，以成本率为例，成本率低于 25% 的为四分，25%～35% 的为两分，35% 以上的为零分（如果菜单中多数为成本率低于 25% 的菜品，请将标准调整为低于 20% 的为四分，20%～25% 的为两分）。品质（产品质量）可以按照以下标准打分，具备其他餐厅不具备的特色、在试吃会上获得较高评价的菜品打四分，与其他餐厅的菜品没什么差别、评价也很普通的打两分，对味道没有什么自信、随处可见的菜品打零分。

餐厅的菜单中，有一些品质（产品质量）很高，但不怎么受欢迎的菜品。也有一些品质（产品质量）很高，但因为制作费时而轻易不做的菜品。这些菜品，简而言之，虽然具备潜力，但尚未被发掘。可以将其改良成更受欢迎的菜品。

其中，最重要的就是有可能成为招牌菜的菜品。能否将品质得分较高的菜品打造成招牌菜，是餐厅招揽顾客的关键。

此外，当我们想降低菜品成本率时，也可以使用菜单评分法。具体内容我会在 Q097（第 297 页）中详细叙述。

⑥去能够制作出优秀菜品的餐厅学习

如果开张前有充足的时间，不妨直接去能够制作出优秀菜品的餐厅学习。有的人会隐瞒自己想开店的事实，直接在店里工作。长久来看，这么做并非上策。我建议大家坦诚相告，请对方让自己在餐厅学习，这么做不易产生纠纷，也能更加高效地学到东西。

Q 040

菜品②

对餐饮店来说，成本效益重要吗？

价格性能一词已在前文中反复出现。所谓"价格性能"指产品价格相对应的性能。

若价格相对应的性能高，我们就会说"性价比高"；若价格相对应的性能低，那就是"性价比低"。**这里要注意一点，性价比的高低并不单纯指价格高低。**

比如，跟 290 日元一碗的拉面相比，人均 6000 日元的寿司的性价比可能更高。也就是说，跟"这种东西还要 290 日元"相比，"这样的寿司只要花 6000 日元就能吃到！"的性价比更高。

近年来在餐饮界，越来越多的餐厅开始重视价格性能。

比如在东京都内开设多家分店的"原价酒吧"，采取的就是只要支付入场费，就可以以成本价享用所有菜肴的制度。使用高级食材的平价法国餐厅"我的法式大餐"也是如此。餐厅聘请一流法餐大厨，毫不吝惜使用高级食材，将通常情况下价值超过一万日元的法式料理按人均 3000 ~ 4000 日元的价格出售。普通的高级法式餐厅，成本率为 20% ~ 25%，但"我的法式大餐"的成本率高达 60%。其结果，就是达成了前所未有的高价格性能。

为了迎合这一时代潮流，越来越多的餐饮店推出了"赤字菜"、成本率 60%~80%的"招牌菜"。

但是，以过高的成本率运营餐饮店，会降低利润，增加餐厅倒闭的风险。如果没有经过细致的计算、做好全面的准备，我不建议各位轻易提高成本率。

比如，原本品质不高的菜品，即使以高成本率销售，顾客也只会在一瞬间觉得性价比高，无法持续性地吸引顾客回购。因为虽然一见之下价格便宜，但无法让人感受到产品的价值。

顾客确实越来越关心价格性能的问题，这是无可争辩的事实。在这种情况下，产品的哪个部分能使顾客感受到性能，也就是"价值"，变得至关重要。高价格性能可以帮助我们不断吸引顾客，请大家在意识到这一点的基础上不断改良产品、服务。

Q 041

菜品③

菜单有什么需要注意的地方吗？

可以说菜单是餐饮店中最重要的工具（道具）之一。为什么这么说呢？因为顾客往往会通过菜单，判断"这家店原来是这样一家店啊"。简而言之，所谓菜单，就是直接向顾客展示经营概念的道具。说得再夸张一些，我认为菜单并非单纯的产品索引，它接近于经营概念本身。尽管菜单如此重要，市面上还是有不少餐饮店轻视菜单。

在这里，我将给大家列举几个反面教材。

①单纯按照种类、价格的顺序排列

单纯按照种类、价格的顺序排列的话，顾客就不得不自己思考应该吃点什么。这种菜单经常出现在个体经营的餐厅中，是非常可惜的一类菜单。

②介绍得不够详细，无法让人明白是什么菜肴

即便是美味佳肴，如果介绍得不够详尽，顾客也会因为不放心而放弃。事实上也存在许多这样的案例，明明是本店原创的、其他餐厅无法提供的菜肴，却因为介绍不足而无人问津。其中有些顾客会产生这样的想法"如果询问店家，反过来又会产生沟通成本，还是算了吧"。事实上，会主动询问店家的顾客是极少数，大部分人都不会注意到这道具备餐厅独特魅力的菜肴，只会带着"这家餐厅很普通"的想法离开。

③虽然有推荐菜品，但不符合顾客需求

有些餐厅，顾客明明是带着吃饭的目的来的，却在菜单上主推酒水、下酒菜或单品菜肴。有的餐厅，推荐菜品的价格高出顾客能承受的价格。这些做法都是存在问题的。如果顾客对推荐菜品不感兴趣，那很可能是因为推荐菜品不符合顾客需求。

④让平均消费额低的顾客产生一种被疏远的感觉

曾经有一家意大利餐厅找我咨询过业务。光看外表，那是一家十分普通的意大利餐厅，但菜单第一页、第二页附有图片的部分却赫然标明 4000~6000 日元的套餐。单品菜肴在菜单的最后，用特别小的字标明。

我问对方："是不是不欢迎只点单品的顾客?"对方回答："并不是这样的，也有一些顾客只点单品，平均消费额低的顾客我们也十分欢迎。"但对方提供的菜单会让那些仅想点单品的顾客产生一种被疏远的感觉，"啊，原来这家店不欢迎我啊"。然

后，顾客会怀着一种愧疚感点单品菜肴，满心不悦地把饭吃完。当然，下次便不会再来了。

如果这家餐厅的经营概念是高价套餐，那么这份菜单是没有问题的。根据情况，还可以减少一些单品菜肴。如此一来，点单品的顾客就可以找个理由说"对不起，今天只想随便吃一吃"，然后离开。但如果餐厅想构建多种就餐场景、吸引各种类型的顾客，那就需要准备能照顾多数顾客心情的菜单了。

设计菜单时要考虑的最重要的一点就是"如何促使顾客点餐厅推荐的菜肴"。这里所说的推荐菜肴，指的是餐厅的 No.1 菜品，也就是我们常说的招牌菜。招牌菜的要点在于它是整个餐厅，乃至这一区域最出色的菜肴。招牌菜尽量要具备以下四个条件：

❶具备其他餐厅不具备的特点（味道好、分量大、上菜的方法特殊等）。

❷点单率高（换言之，人气高、顾客耳熟能详）。

❸上菜速度快。

❹成本率低。

上面四点中，最重要的是第一点——具备其他餐厅不具备的特点。味道、分量、上菜方法、烹饪方法、创新性，只要任何一方面做好，都可以创造出与众不同的菜肴。但是，既然是餐饮店，最应该重视的当然是"味道"和"价格性能"。请大家努力开发出能够打败其他餐厅的招牌菜、制作出能够提高点单率的菜单吧。

Q 042

资格证、许可证①

开设餐饮店需要什么资格证？

下面我将介绍开设餐饮店必需的资格证。为了取得资格证必须参加培训班，这要花费整整一天到两天的时间。所以需要事先空出时间。有些地区一个月可能只有一次培训。所以千万不要在开业前临时抱佛脚，最好给自己留出充足的时间，事先获取资格证。

①食品卫生责任者（食品卫生协会）

取得这一资格证需要参加食品卫生责任者培训班。如果你已取得营养师、厨师、糕点师、食用禽类处理卫生管理者、船舶料理师等资格证，便不需要参加培训。直接申请就可以获得此资格证。

食品卫生责任者既可以由经营者本人担任，也可以从员工中选拔而出。

但原则上，食品卫生责任者必须是长时间驻守在餐饮店的人。因此，每家分店都必须配备一名食品卫生责任者。假设某位经营者经营了两家店铺，却让同一个人"兼任"两家店铺的食品卫生责任者，这种行为是违反食品卫生法的。我本人虽然经营了数家餐饮店，但由于经常不在店内，所以拜托各家分店的店长参加培训、取得资格证，担任餐厅的食品卫生责任者。

各地区都有食品卫生协会的官网。大家可以输入"食品卫生协会××县"的关键词，查询培训会日期。培训费用大约为一万日元。

②防火管理者（消防署）

店铺内可容纳人数（包括工作人员）超过三十人，或建筑物整体容纳人数超过三十人时，需要在每家店铺设置一名防火管理者。

另外，店铺使用面积总和超过 300 平方米的情况下需要配备"甲种防火管理者"，培训时间为两天。使用面积不超过 300 平方米时，配备"乙种防火管理者"即可，培训时间为一整天。需要向各地区消防署咨询，确定培训时间。培训费为 3000～5000 日元。

一个人同时兼任食品卫生责任者和防火管理者也是没有问题的。

Q
043

资格证、许可证②

开设餐饮店时需要哪些许可证？

下面我将介绍开设餐饮店所必需的许可证。偶尔会出现一些经营者"一门心思扑在餐厅的经营上，还没有拿到必要的许可证"。没有许可证，意味着餐饮店不得不延迟开张，如此便会产生额外的铺租与人工费。所以我建议大家在事前做好调查，按照计划一步一步完成准备工作。

①食品经营许可证（保健所①）

这是经营餐饮店必备的许可证，取得食品经营许可证的流程如下：

❶事前咨询（工程开工前）

内装工程开始前，须持店铺设计图到地区的保健所进行咨询。让对方确认洗手间设备的设置、厨房与大堂的间隔等是否符合经营许可的规定。事前咨询有助于了解取得经营许可的必

---

① 进行预防疾病、促进健康、环境卫生等大众卫生活动的第一线中枢机构。日本的都道府县、政令指定的市及东京都的 23 个特别行政区均有设置。

要条件及时间表，能够有效避免开业前期发生的各种问题。

我第一次开居酒屋时，不知道还需要检查井水的水质。所以临近开业才慌忙做了水质检查，非常狼狈。如果需要使用蓄水槽和井水，别忘了向保健所提交《水质检查成绩单》。

❷提交申请资料（工程完工的两周前）

申请经营许可证需要提交以下资料：

- 经营许可申请书

- 经营场所示意图（要注明厨房设备等信息）

- 手续费（普通餐饮店为1.6万~2万日元）

- 食品卫生责任者的资格证明（食品卫生责任者资格证、厨师资格证等）

- 登记事项证明书（申请人为法人时）

- 水质检查成绩单（需要使用蓄水槽、水井水时）

❸现场检查（工程完工后）

保健所工作人员会在店长的陪同下进行店铺检查。不同保健所的要求会有些许不同。下面我将列举一些容易出现问题的地方，希望大家事先做好准备。

- 厨房是否设置了隔离门

- 是否配备了带门的餐具柜

- 是否配备两个以上的水槽（如有自动洗碗机等设备，可只配备一个水槽）

- 是否配备了带温度计的冰箱（或可以过后添附温度计在冰箱内）

- 客用厕所内是否配备了带消毒功能的洗手设备

- 是否有提供热水的设备，专门用于清洗和消毒

如果检查中出现了疏忽则需要再次接受检查。可以与保健所的工作人员商量、制定对策，以应对二次检查。

❹发放许可证（现场检查数日后）

通过现场检查后，保健所所长便会批准发放许可证。大概会在受理申请之后的十日内发放许可证。可以选择自取，也可以选择邮寄。

②防火管理者申请书（消防署）

前文必要的资格证中也提到过，店铺内可容纳人数（包括工作人员）超过三十人，或建筑物整体容纳人数超过三十人时，需要安排防火管理者、递交防火管理者申请书。在开业前必须进行申报。

此外，必须对店内需要使用明火的设备进行申报。

125

③可在深夜提供酒类饮品的餐饮店经营申请书（警察署）

在深夜（午夜零点至日出）出售酒水的餐饮店必须提交此申请书。虽然在深夜营业，但主要提供餐食的餐饮店不需要提交。须在开业十天前申报。

④个体经营开业倒闭等申请书（税务署）

个体经营的情况下需要提交此申请书。法人的话，则需要提交《法人设立申请书》，资本金超过 1000 万日元时，还需要提交《消费税课税企业申请书》等资料。须在开业后一个月内提交此申请。另外，税务部门还有《支付薪资事务所设立申请书》《蓝色申报批准申请书》等申请书，也有可自主选择的申请书。详情可咨询纳税地的税务署，进行确认。

⑤工伤保险的参保手续（劳动基准监督署）

如果雇佣了工作人员，须从雇佣后第二天起，在十日内提交相关申请。

⑥雇佣保险的参保手续（公共职业安定所）

如果雇佣了工作人员，须从雇佣后第二天起，十日内提交相关申请。

⑦社会保险的参保手续（社会保险事务所）

法人雇佣正式员工的情况下必须加入此保险。个体经营的情况下属自愿加入，因此多数个体经营者选择不加入。须在雇佣关系成立后尽快提交该申请。

Q 044 | 事业计划①
为什么需要制定事业计划？

事业计划①

制定事业计划最主要的目的为以下两点。

①通过将计划数值化，来明确自身目标

开一家餐饮店比想象中更费钱，有时还可能产生一些额外的工作。人们绝不可能按照事业计划开业，一定会产生计划之外的费用和额外工作。但是，如果能事先制定一份精确的事业计划，就能减少这种计划之外的支出。如果计划定得很随便，开业前才知道需要追加融资，那么就有可能出现推迟开业，或者看好的店面被人抢先夺走的情况。所以必须给自己充足的时间制定事业计划。

相反，也有一些完美主义的人，制作一份事业计划需要半年甚至一年的时间，这也是完全不必要的。为什么这么说呢？因为不论你具备多么高超的技术、多么丰富的经验，开业工作都不可能完全按照计划进行。所以我们应该先制定出大概的框架，细节部分随后进行调整即可。

②为了获得融资

向金融机构申请融资时是需要事业计划的。我将会在 Q051（从第 161 页开始）介绍如何制作一份较易获得融资的事业计划书，欢迎参考。

事业计划②

初期投资似乎要花 2000 万日元左右，属不属于过度投资？

并不是 2000 万日元的初期投资是过度投资，500 万日元就没关系。投资的关键在于能否将"投资的钱回收"。

在这里我将介绍一个与投资相关的指标。即**"投资回报率"**（**也叫投资收益率、投资利润率、ROI 等**）。我为客户提供咨询服务时，一定会用这个指标判断是否应该开店，是否应该做出一些调整。

投资回报率的计算公式是**"投资回报率＝年利润÷初期投资额"**。举个例子，假如年利润为 400 万日元，初期投资额为 2000 万日元，那么就应该是 400 万日元÷2000 万日元＝0.2（20%）。此时的投资回报率为 20%。也就是说，一年的盈利为 400 万日元，两年 800 万日元，三年 1200 万日元，四年 1600 万日元，五年可回收 2000 万日元。

投资回报率越高，投资回收周期越短。回报率为 20% 时需要五年，40% 需要两年半，50% 需要两年，100% 只需要一年（但严格来说，因为取得收益后还需要纳税，所以投资资金并不能完全按照投资回收周期回收。投资回报率只能告诉我们针对投资额的盈利效率）。如果年利润的预估正确，那么投资回报率越高，意味着项目越赚钱，也意味着项目的风险较低。

想要提高投资回报率，只能提高年利润或降低初期投资额。如果想将投资回收周期由 20% 五年回收，缩短到 25% 四年回收，就必须将年利润提高到 500 万日元（500 万日元÷2000 万日元 = 25%），或将初期投资额减少到 1600 万日元（400 万日元÷1600 万日元 = 25%）。

那么投资回报率多少才"比较合适"呢？答案固然取决于事业规模，但一般来说 15%~25% 较为合理。回报率是 15% 时，回收周期为 6.6 年；回报率是 25% 时，回收周期为 4 年。

但是，考虑到近年来餐饮业更新迭代的速度，我认为 15% 有些低。六七年过后，时代或许会有很大变化，业态也可能过时。如此一来，极有可能无法确保当初预估的年利润。

因此，我建议各位**至少将投资回报率定为 25%，以此为基础制定开业计划**。简而言之，如果**该项目不能在四年内回收投资款，就意味着风险过高**。有的大型连锁餐厅甚至把标准定为 40%，如果投资回报率不能超过 40%，就不开分店。

顺便说一下，我经营的餐饮店，投资回收周期一般为半年至一年。换言之，投资回报率为100%～200%。

投资回报率是很重要的指标，其推算表如下：

■投资回报率推算表

初期投资额（万日元）

	300	500	800	1000	1500	2000	2400	3000	4000	5000	6000
120	40%	24%	15%	12%	8%	6%	5%	4%	3%	2%	2%
150	50%	30%	19%	15%	10%	8%	6%	5%	4%	3%	3%
200	67%	40%	25%	20%	13%	10%	8%	7%	5%	4%	3%
240	80%	48%	30%	24%	16%	12%	10%	8%	6%	5%	4%
300	100%	60%	38%	30%	20%	15%	13%	10%	8%	6%	5%
400	133%	80%	50%	40%	27%	20%	17%	13%	10%	8%	7%
500	167%	100%	63%	50%	33%	25%	21%	17%	13%	10%	8%
600	200%	120%	75%	60%	40%	30%	25%	20%	15%	12%	10%
700	233%	140%	88%	70%	47%	35%	29%	23%	18%	14%	12%
800	267%	160%	100%	80%	53%	40%	33%	27%	20%	16%	13%
900	300%	180%	113%	90%	60%	45%	38%	30%	23%	18%	15%
1000	333%	200%	125%	100%	67%	50%	42%	33%	25%	20%	17%
1200	400%	240%	150%	120%	80%	60%	50%	40%	30%	24%	20%
1500	500%	300%	188%	150%	100%	75%	63%	50%	38%	30%	25%
1800	600%	360%	225%	180%	120%	90%	75%	60%	45%	36%	30%
2000	667%	400%	250%	200%	133%	100%	83%	67%	50%	40%	33%
2400	800%	480%	300%	240%	160%	120%	100%	80%	60%	48%	40%
3000	1000%	600%	375%	300%	200%	150%	125%	100%	75%	60%	50%

（左侧纵轴标题：年利润（万日元））

我在投资回报率为25%以下的部分标注了颜色，以提示这些项目的风险率较高。

假设初期投资额为2000万日元，那么年利润要达到500万日元才能有25%的回报率。年利润500万日元，意味着每月需要赢利 41.6 万日元。当月利润率为 10% 时，每月的营业额需要达到 416 万日元左右。你的店铺能否达到 10% 的月利润率，每月的营业额能否超过 416 万日元，这些都是需要考虑的。

如果很难满足这些条件，就不得不考虑调整投资计划，减少投资金额了。

Q 046

餐饮店的客单价和客流量是可以预估的吗？

预估营业额时需要预估店铺的客单价及客流量。客单价的预估比较简单，客流量的预估相对较难，我们按照顺序来看一下。

①客单价的预估

预估客单价最简单的方法就是调查与某价格区间接近的竞争对手，了解对方的客单价。不同地段的餐饮店，顾客的点单方式是不同的。因为顾客类型与就餐场景不同，所以了解同一地段竞争对手的客单价是最快的方法。而了解竞争对手客单价最简单的方法，就是安排几个符合对方目标顾客特征的人，去店内实际用餐。点餐方式必须自然，要符合其业态及顾客类型的特点，从而推断出客单价。除此之外，还可以直接询问对方的工作人员、相关人员、上下游公司等等。

另一种方法，是推算顾客所点的菜品。比如日式居酒屋，顾客一般会点两杯饮料、刺身拼盘、沙拉、烤串、油炸食品、甜点，总计3500日元。实际操作中，我们可以从菜单的内容和菜品的数量来考虑。

实际客单价如果比预测的低，就意味着营业额也相应地会比预测的低，所以必须注意。反过来，如果客单价过高，则会降低顾客的回头率，这也是一个问题。如果开业后，实际客单价与预估相差太大，并且影响到餐厅经营，可以通过修改菜单的方式调整客单价。将单价高的菜品用大幅照片和文字进行宣传，自然会提高其点单率，从而带动客单价的上涨。反之，如果在菜单的开头突出单价低的菜品，那么相对地，人们便不会再点单价高的菜品，客单价也会随之下降。

②客流量的预估

预估客流量是餐饮店开业过程中最重要的一个环节，同时也是最难的环节。客单价的预估相对简单。简而言之，"预估客流量的意义相当于预估营业额本身"。

许多事业计划是根据"餐位数×满席率×餐位周转率"这一公式来预估客流量的。作为提交给金融机构，以申请融资为目的的事业计划，这样的写法问题不大。但根据这一公式是无法预估实际客流量的。

如前所述，要想预估客流量，必须先调查竞争对手，了解这一地区的市场规模及其与自身经营概念的匹配度。也就是说，需要考虑：在该地段愿意为自家产品、服务买单的潜在顾客有多少？与竞争对手相比，有多少顾客愿意选择自家的产品、服务？尽可能多地了解这些复杂因素，有助于提高预测的准确性。

要想获得以上信息，最便捷的方法是调查"附近的竞争对手能吸引到多少顾客"，请大家参考 Q037（第 99 页），仔细调查竞争对手。

Q 047

事业计划④

有没有提高餐位使用效率的方法？

在介绍方法之前，我想先解释"满席率"这个概念。

所谓"满席率"，指的是餐厅在满席状态下餐位的使用率。举个例子，一家餐厅有 40 个餐位，但满席并不意味着 40 个餐位都被人坐满了。可坐四人的卡座，最后可能只坐了两个人，种种原因，顾客数总会低于餐位数。这固然与餐位的配置有关，但大部分餐厅的满席率都在 70%~80%。所以出现了满席率越高，"餐位使用效率越高"的说法。

要提高餐位使用效率，可参考以下四种方法。

①增加吧台餐位

"单身贵族"一词已在社会上普及，相对应地，一个人前来用餐的顾客也在逐渐增多。以前独自用餐顾客最少的烤肉店如今也涌入了许多单身顾客，拉面店中独身女性顾客的数量也在增加。在此背景之下，如果餐厅没有吧台餐位，独身顾客便会占据两人席，餐位使用率变成 50%。若是四人席则使用率为

25%，效率十分低下。因此，若餐厅的业态容易吸引单身顾客就餐，最好考虑设置、增加吧台餐位。

②灵活运用二人席的餐桌

可以将两张二人席餐桌拼成四人席餐桌。最好配置一些方便移动的餐桌，可以根据顾客需求灵活移动。

③设计一种可变成大房间的包厢

近年来包厢的需求量在不断增大，带包厢的餐饮店不断增加。结果导致一些餐饮店的最大容纳人数变少了。组队前来的顾客越多，意味着餐位利用效率越高。此外，我们可以设计一种拿掉隔断之后变成大房间的包厢，有效利用有限的餐位。

④做好餐位引导

顾客进入餐厅时，工作人员如果说一声"请跟我来"，做好餐位的引导工作，便能提高餐位使用率。面对独自用餐的顾客，可以询问"是否介意坐在吧台"，尽量将对方引导至吧台席。面对两人同行的顾客，也要尽量将对方引导至两人席，而非四人席。如此便可大大提升餐位使用效率。

但是，一味地考虑餐厅的利益有可能降低顾客满意度，所以要注意方式方法。

Q 048

事业计划⑤

每种业态的毛利率为多少?

　　下表数据引自会计师事务所 TKC 在日本全国范围内收集到的会计数据。该事务所已在东证一部①上市，其主页（http://www.tkc.jp/）经常会以"TKC 经营指标"的名义公布各行业最新的会计数据。欢迎参考。

■各业态一般情况下的毛利率

业态名	毛利率
其他专门类别的餐饮店	66.9%
酒吧、歌舞厅、夜总会	84.1%
旅馆、酒店	82.5%
酒馆、啤酒店	64.4%
寿司店	60.4%
日本料理店	63.6%
咖啡馆	65.3%
食堂、餐厅	62.9%

　　①　东证指的是东京证券交易所，是日本的证券交易所之一。市场第一部，相当于主板市场。

业态名	毛利率
中餐馆	69.6%
拉面店	66.6%
其他餐饮店	67.2%
荞麦面·乌冬面店	70.4%

通过上表可发现，寿司店和食堂、餐厅的毛利率较低，酒吧、歌舞厅、夜总会、荞麦面·乌冬面店、中餐馆的毛利率较高。但这只是一般情况下的数据，作为事业计划的参考是没问题的，**千万不要以此成本价为基准设定自家餐厅的成本率**。近年来，许多餐厅通过设定高成本率，提高了顾客满意度和口碑，从而吸引了大量顾客，提高了餐厅收益。也就是说，诞生了许多不受固有成本率束缚的新型商业模式。

Q
049

事业计划⑥
开业阶段需要支付哪些费用？

许多餐饮店经营者都说"开餐饮店比想象中费钱"。换句话说，开业过程中极易产生额外的支出。当实际支出超过预算时，便会产生各种各样的问题。缺少流动资金对餐饮店而言是致命的，因此必须将流动资金放在第一优先级别。一旦资金链断裂，经营者将不得不把时间花费在筹措资金上，无法集中精力做开业准备、改良店铺经营。

准确预测开业过程中产生的费用对开业后的店铺经营十分重要。第 142 页的图表列举了开业阶段需要支出的 20 项费用。我将对其中若干项费用进行详细说明，希望对各位制定资金计划有所助益。

①租赁店面需要支出的经费

●装修转让费

简单来说，就是租赁出兑店铺时，向前店主购买店内装修、设备等的费用。有些店主会将厨房设备悉数带走，有的则会留下一部分。我们可以根据自身需要，选择性地购入。

一般情况下，房屋租赁合同中会规定与房东协商好退租时的条件。如果合同规定必须在"毛坯状态"（撤去内部装修的状态）下退租，那么需要花费内装撤除费。也就是说，对前店主而言，与其支出一笔内装撤除费，还不如将内装（设备）以便宜的价格转让给下一任店主。

此外，就算合同中没有相关规定，比起将内装（设备）空置于某处，店主也更愿意转让给下一任店主，因为这么做多少可以回收部分现金。因此，支付装修转让费一般比买下整间店铺划算。

一些特殊情况下，装修转让费可能会很高。比如店铺处于黄金地段；内装很新，可以直接使用；餐厅生意很好但店主出于经营状况之外的原因不得不退租；等等。

■开业过程中支付的 20 项经费

①租赁店面需要支出的费用	
1	装修转让费
2	保证金（押金）
3	礼金
4	中介费
5	契约保证金（申请金）
6	定金
7	预先支付的租金

（续表）

②店铺设计·工程费	
8	设计费
9	内外装修费
10	招牌、门面制作费
11	内外装修追加费
12	厨房设备费
13	家具、工具采购费
③耐用品、其他经费	
14	餐具、厨具、消耗品等
15	收银机、电脑、电话、音响设备等
16	招聘经费
17	促销经费
18	其他经费（制服、菜单、装饰品等）
④流动资金、其他开业经费	
19	流动资金
20	其他开业经费

● 保证金（押金）

所谓保证金，指的是租赁店铺时抵押给房东的资金。根据目前的行情，保证金多为 6~10 个月的铺租。如果是黄金地段，可能需要 20 个月的铺租，也有只需要 1~3 个月铺租的店面。

对房东而言，保证金最后是需要返还的，所以与收入没有直接关系。多少保证金是有商量余地的，不妨在签约时向对方申请少交纳一些保证金。用自有资金开店的话还好，如果用的

143

是贷款，就需要向金融机构支付利息，而交给房东的保证金是无法产生利息的。所以光这一项就会让你持续承受损失。

还有一点需要注意，有些店面存在"扣除保证金"的情况。如果合约注明了"每年扣除3%的保证金"或"解约时赔偿一个月租金"等条款，那么是需要向房东支付一部分保证金的。保证金是为了降低房东风险的产物，每个月正常缴纳租金却还要扣除部分保证金，简而言之，这是对租户不利的霸王条款。许多地方将这一条款当成房地产行业的惯例写进合同，最近这种情况在逐渐减少。为了不损失这部分保证金，一定要在签约前同房东仔细交涉。

● 礼金

这是签约时租户需要向房东支付的谢礼。一般为1~2个月的房租。与保证金不同，这笔费用是不会返还的。也有不需要支付礼金的店面。

● 中介费

这是签约时，租户需要支付给房地产公司的中介报酬。一般情况下相当于一个月的铺租。

租户可以直接和房东签订合同，但那必须基于一些特殊条件，比如你与房东关系亲密，或者你自身具备丰富的房地产知识，等等。如果不具备以上条件，还是让房地产公司从中斡旋比较好。签订租赁合同本身并不难，难的是如何解决租赁过程中双方的诉求、不满、冲突等，此时最好有第三者居中调停，才能使事情顺利进行下去。有一些房东，很讨厌和租户直接签订合同。所以，最好把中介费也计入预算中。

● 契约保证金（申请金）

在你很喜欢一间店面，却因为还有其他备选店面等理由无法直接签约，但又不希望这间店面被他人租赁的情况下，可以向房地产公司缴纳一笔申请金。若最后没有签约，房地产公司会返还申请金。若签约成功，则直接用于抵扣铺租。

● 定金

签约后支付给房东的一笔经费，以显示你有租赁意愿。若最后没有成功租赁，这笔钱是不会退还的。

● 预先支付的租金

指入住前向房东支付的租金。预付租金已成为业内常识。比如，如果你打算在四月份入住，就必须在三月份支付四月的房租。有些店面或许会要求预付两个月以上的房租。制定资金计划时，千万不要忘了将预付租金列入其中。

中国大陆、中国台湾等地区的店面，一般需要提前支付 6~
12 个月的铺租。因为比起日本，此类地区更容易出现临时退租
或产生纠纷的情况。

②店铺设计·工程费

● 内外装修费

指内外部装修、家具及其他材料所花的费用。该项支出在
开业前期所占比重最大。

装修费取决于业态、经营概念、地段（是在市中心还是郊
区），但若想降低开业风险，每坪①最好按照以下标准装修。

❶ 毛坯店面　不超过 40 万日元

❷ 出兑店面　不超过 10 万日元

二十坪的毛坯店面，内装费不能超过 800 万日元。三十坪
的出兑店面，内装费不能超过 300 万日元。并且，该费用包含
了家具、工具、厨房设备费用。

● 内外装修追加费

我给客户提建议时、自己开设餐饮店时，都会特意把这一
项列入预算中。内外装修一定会出现计划之外的状况。虽然只
是个别情况，但以下这些状况还是极有可能出现的。

---

① 日本度量衡的面积单位，1 坪约等于 3.306 平方米。

◎试营业时发现厨房比想象中热，不得不加设空调。

◎排气扇排气能力较弱，订单扎堆时店内便烟雾缭绕，不得不进行管道疏通。

◎用电量比想象中多，不得不增加电容量。

◎吧台离厨房太近，偶尔会溅到油星，不得不在两者之间增设玻璃隔断。

◎顾客反映停车场指示牌太小，看不清，不得不更换成大指示牌。

◎夜晚，店铺照明不佳，预约的顾客纷纷打来电话询问情况，不得不重新进行照明装修。

如果进行了细致的推算，以上许多追加工程都是可以避免的。这就需要我们在开业前把所有可能发生的情况做一个预测。话虽如此，还是有许多问题不到开业时是发现不了的。因此，最好把追加工程的费用计入预算中。该费用取决于店铺规模，但最好设定为内外装修费的10%。

● 招牌、门面制作费

原本该项费用应该计入内外装修费中。但有些店面，招牌、门面（从正面看到的餐厅外观）制作费所占的比重很高，所以在这里分开考虑。招牌、门面对招揽顾客的作用极大，有必要投入一定的资金制作视觉效果极佳的招牌。招牌、门面与普通的广告、促销不同，其效果是长久性的。初期投资几年后便可回收，投资的性价比很高。

● 设计费

可以委托专门的设计公司进行店面设计，也可以全部委托给内装公司。如果是经验丰富、技术过硬的内装公司，不妨直接委托给对方，这样价格会相对便宜一些。若对店铺装修有自己坚定的想法，最好委托专门的设计公司。费用高低取决于设计者，一般情况下需要花费 50 万~100 万日元。

● 厨房设备费

厨房设备指冰箱、煤气灶、煎锅、水槽、洗碗机等一系列在厨房使用的设备。可以购买 HOSHIZAKI、TANICO、MARUZEN等品牌的厨房设备，也可以从 Temps Busters 这样的二手厨具公司购买。至于应该买一手厨房设备还是二手厨房设备，这个问题，我将在 Q067（从第 210 页开始）中详细叙述。

● 家具、工具采购费

指购买餐桌、椅子、架子、收银台、坐垫等产生的费用。这项费用原本也是包含在内外装修费中的，但自己置办会比内装公司便宜。有些餐厅经营者为了降低成本，甚至会自己动手制作，或者从国外采购。

③耐用品、其他经费

●餐具、厨具、消耗品等

指餐具、锅和菜刀等厨具，以及筷子、洗洁精、卫生用品等。餐具的话，可以去专卖店购买。最近也有许多餐厅开始去百元店采购小碟子等餐具。厨具的话，可以去附近的 Temps Busters 采购，那里出售一手厨具，而且款式丰富。当然，也可以通过网购或函售①的方式购买。

●收银机、电脑、电话、音响设备等

收银机种类繁多，从所谓的 POS 机到几千日元的简易收银机，应有尽有。多数大型餐厅会使用 POS 机收银，而对于小本经营的店铺来说，POS 机成本过高。但是，简易收银机管理商品销售数量和统计营业额等功能不够完善，且只能用纸把数据打印出来，十分不便。

最近，出现了一款可以在笔记本电脑、平板电脑上操作的 POS 收银系统，每月只需 5000～20000 日元。与最少也要花费接

---

① 一种商品零售法。卖家赠送买家商品目录和广告等对商品进行宣传，收到订货的函件或电话后给买家邮寄所订商品。

近100万日元的POS机不同，这款POS收银系统有利于降低初期运营成本，今后或许会更加流行。

●招聘经费

指招聘正式员工或兼职员工时支出的经费。餐饮业是非常难招聘到人手的行业。其中，店长的招聘尤其困难。需要招聘十名以上员工的店铺，最好准备足够进行好几次招聘的经费。

●促销经费

即所谓的开业大酬宾所需的经费。为配合开业，需要制作并分发一些促销传单，制作资讯杂志及网站详情页，在美食网站投放宣传广告。我们需要将以上费用计入预算中。

是否举行开业大酬宾活动，取决于业态及餐饮店经验。我会在Q080（第240页）详细介绍这一点。但我个人建议，不要在开业时投放任何广告、举办任何促销活动，等店铺整体运营改善完毕后再举办也不迟。开业初期，厨房、大堂员工尚未熟悉自己的本职工作，难免会手忙脚乱。若在开业初期给顾客留下坏印象，便会大大降低对方二次光顾的概率。反之，若在开业初期便对餐厅运营很有自信，那么举办开业大酬宾也是可以的。

●其他经费（制服、菜单、装饰品等）

员工制服、菜单、POP[①]、店内小型装饰品等所需的费用。虽然越来越多的经营者开始用电脑自己制作菜单，但我还是建议各位委托专业顾问，因为对方设计的菜单有利于提高客单价、顾客回头率。也可以将设计工作委托给专业设计师，自己购买菜单封皮。越来越多的经营者开始选择这种操作方法。可以从SHIMBI 等制造商那里购买菜单封皮，也可以选择网购。

④流动资金、其他开业经费

●流动资金

流动资金中包含了开业初期的采购费、人工费、其他各项经费。此外，还包括经营正式进入轨道前的缓冲资金。

开业初期需要将所有商品的原材料备齐，所以采购量十分巨大。若采购清单中包含许多酒精类饮料、调味料、冷冻食品等易于保存的商品，采购费用将变得更高。采购费的多少取决于业态，但最好准备相当于每月营业额二分之一或每月营业额的采购经费。至于流动资金总额，最好是每月营业额的一到两倍。

●其他开业经费

其他开业经费中包含法人设立费、交通费、开业前的人工

---

① 商店为引起消费者购买欲望而在店内外展示的广告。亦称作 PR 广告。

费等。若开业初期就打算成立法人，是需要花费一笔资金的。委托行政书士①事务所一般要花 20 万日元。个人也可以处理相关事宜，但需要花费时间和精力。另外，个体经营是不需要花费法人设立费的。

以上为大家介绍了各项费用，其中最为重要的是"事先做好正确的经费计划"。因此，建议各位事先制定一份细致的资金计划。

---

① 日本特有的，代理个人或企业法人同政府部门打交道，处理登记、报批、办理执照、项目审批等业务的职业。

Q 050

事业计划⑦

想用较少的本金开业，有什么方法吗？

在这里，我介绍十个具体的、用较少本金开业的方法。

①确保能够获得优质店面信息

②寻找无须大规模内外装修的出兑店铺

③自己动手，完成简单的内部装修

④至少获得三家内装公司的报价单

⑤与房东直接交涉

⑥争取在短时间内开业

⑦寻找二手厨房设备

⑧选择将店铺经营权一并出售的店面

⑨与他人合伙创业

⑩使用他人的资金创业

接下来，我将分别介绍这十个方法。

①确保能够获得优质店面信息

想用较少本金开业，前提条件就是要找到优质店面。真正的优质店面早在房地产公司收到消息前，已经定好了下家。也就是说，一间店面被房地产中介当作待租店面公布出来时，它可能已经"被好几位租户考虑过，但最终没有被租下来"。

这并不意味着"房地产中介手里的房源全是次品"。但越是优质的店面，越容易在只有少数人知道的阶段定好下家，这是无可争议的事实。

那么，如何做才能在较早的阶段得到房源信息呢？这一点我将在Q056（第175页）详细说明。但想要提前获得消息，就必须与餐饮业相关公司保持良好的关系。比如，餐饮相关企业（啤酒制造商、酿酒厂、原材料供应商等）、内装公司、银行、会计师事务所、咨询公司、房地产公司、连锁餐厅、加盟连锁餐厅、建筑公司、设计师事务所、商工会①、工商总会②等。如果能与他们保持良好的私人关系，便能在较早阶段获得房源信息。

餐饮店经营者在决定关店的同时，就已经开始寻找下家，也就是愿意购买内装和设备的人。此时，许多人会拜托相关供

---

① 指城市以外地区的小规模企业家参加的非营利团体。
② 指商业和工业企业家为改善和发展所在地区工商业而组织的综合性经济团体。

应商寻找下家。对供应商来说，若下一任店主是通过自己找到
的店面，那么该店主很有可能关照自己的生意，所以是有好
处的。

②寻找无须大规模内外装修的出兑店铺

一般来说，开业阶段花费最多的就是内外装修的费用。若
能够找到保养得当、可直接开业的店铺，就可以在初期省下一
大笔钱。把招牌一换就能直接营业，是最理想的状态。

但是，直接开业可能导致店铺的经营概念变得与以前的店
铺相似。这种情况下需要重新思考能否在战略上将餐厅打造成
人气餐厅。

③自己动手，完成简单的内部装修

自己动手完成一部分内部装修能够有效降低成本。即便是
毫无经验的普通人，也可以动手制作架子、吧台，安装从网上
购买的平价厨房设备，进行店内装饰。有些餐厅属于客单价较
高的高级业态，可能难以自己完成。但有些餐厅，动起手来比
想象中简单。特别是对于顾客看不见的部分，比起外观应该更
加重视功能性。能自己动手的地方自己动手，可以极大降低工
程支出。

④至少获得三家内装公司的报价单

我在前一本书《餐饮店"开设·经营"方法》中也介绍过，这一点是我认为初次创业的经营者必须做到的。获得超过三家内装公司的报价单有许多好处，在这里，我仅从"用较少本金开业"的角度进行分析。

首先，可以通过报价单了解内部装修工程中哪些东西是必要的，哪些是不必要的。因餐饮店的经营者不是专业人士，许多人连自己初次开设的店铺里什么是必要的，什么是不必要的都不知道。所以经常出现购买了不必要的设备、添置了不必要的内装，却几乎不怎么使用，白白浪费钱的情况。反过来，也有开业之后察觉到不足之处，追加装修工程的情况。因此，为了事先对内装有一个细致的估算，有必要听取多位专业人士的意见。

此外，虽然是一眼看上去没有什么差别的工程，但内装公司的收费大相径庭。所谓内装，是只要你想花钱就能无限制花下去的无底洞。如果把钱花在自己在意的部分，自然是好的，但事实就是有许多地方并不值得花那么多钱。事先拿到报价单，能帮助我们尽可能压低装修成本。

最后，为什么要获得超过三家内装公司的报价单呢？因为那有助于我们了解正确的市场价格。知道市场价，就可以与对方讨价还价了。知道市场价后，讲价时便不至于笼统地说一句

"希望您便宜一点"，而可以说"管道配置部分的报价比其他公司高出很多，能不能便宜一点"。

⑤与房东直接交涉

通常租赁餐饮店店面时，房东与租户之间会由房地产公司牵线搭桥。对房东而言，因为自己缺乏相关知识，也缺乏时间，所以比起与租户之间交涉，他们更愿意花一点中介费委托房地产中介。

但是，如果不通过中介直接与房东交涉，就可以省去签约时的中介费。中介费一般相当于一个月的铺租，有些店面的中介费价格十分高昂。

还有一些房地产公司会要求租户使用指定的公司进行店铺维修。此时，因为房地产公司要收取回扣，可能会让你支付高额费用。

直接交涉的另一个好处，就是可以和房东聊房租以外的事情。如果你对自己的人格魅力和交际手腕很有自信，那么也许可以通过直接交涉得到巨大的好处。

但是，房东大多不喜欢与租户直接交涉、签约。有些房东特别讨厌直接接触，所以最好委托一位值得信赖的介绍人，或者用其他途径接触。

⑥争取在短时间内开业

在 Q009（第 21 页）中，我详细介绍了开业前的时间表。争取在短时间内开业，可以避免支出一些不必要的费用。铺租、内外装修工程费、人工费、水电天然气费等，在短时间内开工，就可以减少这部分支出。

⑦寻找二手厨房设备

近年来，厨具生产厂家销售一手厨房设备的折扣力度很强，导致一手厨房设备与二手厨房设备的差价越来越小。冷冻库、冰箱之类的设备，即便稍微贵一点也应该买一手设备，因为一手设备不容易出故障，这样做反而更划算。

因此，应该对每一样厨房设备进行正确的估算比较。二手厨房设备的选择取决于机遇，有些二手设备就保养得非常好，而且便宜。建议各位在网上寻找。

⑧选择将店铺经营权一并出售的店面

所谓将店铺经营权一并出售，指的是前店主将现在经营的店铺整个出售或转送给下一任店主，其中也包含所谓的 M&A（合并、收购）等方式。前店主年事已高，但后继无人时，经常出现此类情况。其他原因是，前店主住在离店铺较远的地方，无法管理等等。

将店铺经营权一并购买的情况下，若是赢利的餐厅，可以不改变其业态和店名。甚至可以继续使用老员工，无须花费时间、精力便可开始营业。

简而言之，除了购买经营权所支付的费用外，可以省下一大笔开支。但这种情况可遇不可求，不是想找就能找到的。

⑨与他人合伙创业

小成本创业要想降低风险，可以选择与他人合伙。即与熟人、亲属、商业伙伴共同出资创业。这种方法有利有弊。优点在于，可以用较少的本金创业，而且可以灵活运用所有合伙人具备的知识、经验、能力、人脉。

缺点在于难以下决定、一旦创业失败容易损害人际关系等等。我在 Q016（第 41 页）中也讨论过这个问题。坦率地说，我认为共同创业是弊大于利的，因为多数情况下都无法走到最后。共同创业，最重要的是选择真正值得信任，即使创业失败也不会胡搅蛮缠的创业伙伴。

⑩使用他人的资金创业

即自己无须出资，而使用他人的资金开店的方法。严格来说，向金融机构融资也算使用他人的资金创业，但这里只讨论他人直接负担创业费用的情况。

经常出现这样的情况，店铺本身为出资人所有，你自身只承担店铺运营的工作。铺租等固定开支由店铺所有者支付，你承包店铺运营，利润由双方平分，等等。从长远来看，这种做法所赚的钱远少于用自有资金开店。但对于没钱的人来说，这不失为一种容易上手的办法。

此外，近年来多了许多与创业者签订业务委托合同、将店铺运营分包出去的餐饮企业。虽然店铺本身不是自己的，但避免了创业初期背负巨额负债的风险，这也可以说是小成本创业的一种方法。

以上，我为大家介绍了十种小成本创业的方法，大家可以选择一两种尝试。

用较少成本创业，一旦失败便可以迅速重整旗鼓。对倒闭率极高、经营周期极短的餐饮业来说，把风险控制到最小，把成功率提高到最大，才是最重要的。

事业计划⑧

Q 051

怎样制作一份容易获得融资的事业计划？有什么要点吗？

事业计划书的开头须写明创业目的及创业者的履历，同时写明事业内容、制作损益预估表等数值类的计划表。有人制作的事业计划书长达数十页，但从"获得融资"这一视角来看，事业计划书并非越长越好、越详细越好。

制作一份容易获得融资的事业计划，需要注意以下三点。

①损益预估表的写法

- 营业额的依据

事业计划书中，必须写明预估营业额。但是，正如我在前文中反复提到的那样，营业额预测实际上是最难的部分。金融机构也不会认为事业计划书上的预估营业额就是正确的。但是，你必须在计划书上写明为什么这样预测，即营业额的依据是什么。营业额可以根据"营业额＝客单价×餐位数×餐位周转次数"的公式计算。

一般来说，营业额会分工作日白天、周末白天和工作日晚上、周末晚上这几个时间段。再乘以各自的经营天数，便可得出一个月的营业额。请参考以下例子。

业态：日式居酒屋　休息日：星期天　餐位数：30 席

营业时间：11：00～14：00　　17：00～23：00

客单价：白天 800 日元　晚上 3500 日元

白天（星期一～星期六）800 日元×30 席×1 周转次数×26 日＝62.4 万日元

晚上（星期一～星期四）3500 日元×30 席×0.6 周转次数×18 日＝113.4 万日元

晚上（星期五、星期六）3500 日元×30 席×1.3 周转次数×8 日＝109.2 万日元

月营业额总计 285 万日元

● 支出的合理性

损益计划中，餐饮店一般性支出的比例必须保持在合理范围。只要把握好销售成本、人工费、铺租这三项主要支出，就不会有太大问题。

①销售成本（25%～35%）

事业计划书中的成本率最好控制在 25%～35%。哪怕你的餐

厅是以高成本率为卖点的餐饮店，但从获得融资这个角度出发，也最好不要把成本率写成超过 35%。

②人工费（25%～30%）

人工费用最好控制在 25%～30%，其中包含经营者本人的薪酬。要点之一在于第一项销售成本与第二项人工费加起来不能超过营业额的 55%～65%。

③铺租（6%～8%）

铺租是营业额的 6%～8%。但是，如果是地处黄金地段的店铺，铺租的比例不可避免会升高。此时，因为考虑到好的地段能带来高营业额，所以铺租稍微贵一点也是情有可原的，可以调低人工费或其他固定费用的占比，维持收支平衡。事业计划书里，铺租占比超过 12% 时会被认为过高，因此最好控制在 12% 以下。

● 偿债资金

金融机构最看重的，是企业是否具备足够的偿债资金，而事业计划书需要充分体现这一点。偿债资金，指的是餐厅在扣除支出、税金之后留下的现金。若偿债资金比每月预计还款金额少，便无法归还金融机构的贷款。事业计划书中，若偿债资金比预计还款金额少，是不可能通过金融机构的审查的。

偿债资金的计算方式是经常收益①减去税金加上固定资产折旧②。固定资产折旧虽然被看作支出，但因为购入设备时企业已支付了费用，所以这部分现金不会支出，反而会留在手上。所以固定资产折旧代表的现金要加入到税后收益中。

请看下列损益计算表。首先，营业额【1】减去成本【2】，得出营业利润（毛利润）【3】。此时减去包含人工费【5】在内的支出【4】，得出利润总额【23】。减去营业外支出的利息支出【24】，得出经常收益【25】。若没有非常损失③、非常收益④，那么税前收益【26】就等于经常收益，为40万日元。如果是法人，需要缴纳法人税、法人居民税、法人事业税等，减去此类税金（约40%），得出的就是税后收益【28】。税后收益24万日元加上固定资产折旧【11和29】，就可以算出手上剩余现金。

如果是个体经营的店铺，税后收益【28】加固定资产折旧【11和29】后，还需要减去经营者自身的生活费。若是法人，经营者的工资作为股东薪酬是算在支出里的，但个体经营的话，经营者的工资就是手上剩余的现金。

---

① 从营业收益中减去营业费用算出的营业利润，再在营业利润中加入营业外收益，减去营业外费用。

② 是指固定资产在使用过程中逐渐损耗而转移到商品或费用中去的那部分价值，也是企业在生产经营过程中由于使用固定资产而在其使用年限内分摊的固定资产耗费。

③ 非常事故所引起的各项损失。

④ 偶发性因素造成的收益。

偿债资金【30】=税后收益【28】+固定资产折旧【11 和 29】

■ 损益计算表实例

	项目名称	日式居酒屋	
1	营业额	3,000,000	100.0%
2	【营业成本】	1,000,000	33.3%
3	【营业利润】	2,000,000	66.7%
4	【销售费用·一般管理费用】	1,585,000	52.8%
5	人工费	900,000	30.0%
6	工资（股东）	300,000	10.0%
7	兼职人员工资	600,000	20.0%
8	福利津贴	0	0.0%
9	差旅交通费	3,000	0.1%
10	通信费	15,000	0.5%
11	固定资产折旧	80,000	2.7%
12	地租铺租	250,000	8.3%
13	设备租赁费	15,000	0.5%
14	保险费	5,000	0.2%
15	水电天然气费	150,000	5.0%
16	消耗品支出	30,000	1.0%
17	租税及公摊费用	1,000	0.0%
18	办公用品费	5,000	0.2%
19	广告·促销费	50,000	1.7%
20	各组织会费	6,000	0.2%
21	卫生费	15,000	0.5%
22	杂费	60,000	2.0%
23	利润总额	415,000	13.8%
24	利息支出	15,000	0.5%
25	经常收益	400,000	13.3%

26	税前收益	400,000	100.0%
27	法人税、居民税及事业税	160,000	40.0%
28	税后收益	240,000	60.0%
29	固定资产折旧	80,000	20.0%
30	现金流量（偿债资金）	320,000	80.0%

②经验、技术

当然，比起完全没有经验的普通人，曾经在餐饮店工作过的经营者更容易通过融资审查。所以，最好写明经营者的工作履历，介绍曾经的工作状况。在审查方看来，曾经在日本料理店工作过的人开设日本料理店是一件十分自然的事。简而言之，懂得灵活运用工作经验的事业计划更值得信赖。

但是，也有一些人单纯因为喜欢吃拉面，自学拉面手艺后开店。这样的人即使完全没有餐饮店工作经验，也是可以借到钱的。还有一些经营者并不会长期驻守店内，但若具备丰富的餐饮店经营经验和知识，也是没有问题的。

③是否具备自有资金

完全不具备自有资金，是很难融到资的。自有资金最好相当于初期投资额的三分之一，或三分之一以上。初期投资额 900 万日元的情况下，需要 300 万日元的自有资金。反过来说，如果具备 300 万日元的自有资金，就可以借 600 万日元的贷款。简而言之，贷款金额不超过自有资金的两倍。

此外，还有一点值得注意。从父母、亲属手里借来的钱是不算作自有资金的。有的人为了使自己看起来具备自有资金，便把从身边人手里借来的钱说成是自有资金。但只要看了存折，就能马上知道哪些钱是自己的存款，哪些是突然汇入的。另外"钱放在家里的衣柜里，没有存进银行账户"的借口也是行不通的。金融机构认可的自有资金，是可以作为记录、留作证据的数据。

另外，金融机构之所以要求我们提交存折复印件，是为了确认以下内容。

- 是否拿出工资中的一部分作为存款储存在银行？
- 是否有偿还贷款的银行划账记录？是否有逾期行为？
- （从出账、入账中看出）资金的使用方法。
- 是否按时缴纳水电天然气费、税金？

有了融资的念头之后，即使立刻改变花钱方式也是没用的，因为过去的记录改变不了。所以在日常生活中，我们就应该注意资金使用的方式。现在正在经营公司或有自营业务的朋友，尤其要注意税金滞纳的问题。一旦出现税金滞纳的情况，便很难从金融机构借到钱。一些现金流不足的公司，之所以通过向银行借款来支付消费税，其原因之一就是不想延迟缴纳税金。因为一旦迟缴税金，就很难借到下一笔流动资金。

资金筹措①

从哪里借款比较划算？

餐饮店创业资金的借款途径，大致有以下两种。

①日本政策金融公库

日本政策金融公库与一般的民间银行不同，是所谓的政府金融机构。因为餐饮业是倒闭风险极高的行业，向普通的民间银行直接融资的话（称为专项贷款），必须接受非常严苛的审查。政府系的日本政策金融公库对餐饮店的审查没那么严格，所以许多创业者都会使用该途径进行融资。而且，利息也比民间银行低许多，可以说是十分划算的融资途径。

②各地方政府的制度融资

所谓制度融资，是指各都道府县或市町村为了让中小企业、个体经营者能够顺利获得必要的创业资金而设置的融资制度。制度融资具备利息低、审查没有民间银行严格、即使在没有实际业绩的创业阶段也能轻松借到资金等优点。有一些制度融资甚至规定地方政府承担一部分利息。另外，许多制度融资都是以民间银行为窗口的，需要去民间银行咨询。

Q 053

资金筹措②

融资负责人会把审查的重点放在什么地方？

首先我想让大家明白一点，金融机构的融资负责人基本上不会考虑"事业或经营者的潜力、发展力"这些因素。

他们关心的只是"借出去的钱能不能按时收回来"。简而言之，他们看重的是"能否通过经营餐饮店归还贷款（还款能力）""一旦出现经营不善的情况，能否回收贷款（担保、担保人）"这两点。

所以，无论事业计划书上多么极力鼓吹事业潜力、发展力，若经营者过去的资金使用状况不佳，或者不具备自有资金，也是无法通过融资审查的。融资负责人看待事业及经营者本人的标准，远比想象中严格。

反过来说，如果了解了融资负责人审查的重点，就能在很大程度上提高融资成功率。下面我将介绍融资审查中值得注意的几点。

①事业计划书
- 是否添加餐饮店的各项数据，以及与周围环境的实际状

况相匹配的数值计划？

· 事业规划是否具备合理性？

· 经营者过去的经验是否适用于今后的事业运营？

· 自有资金与投资金额、借款金额之间的比率是怎样的？（自有资金应达到初期投资额的三分之一以上、借款金额的二分之一以上。）

事业计划书里，金融机构最看重经营者过去的经历和数值计划。至于到底是经营居酒屋，还是咖啡馆这样的事业规划，金融机构审查起来有难度，因而也不太重视。只要不出现稀奇古怪的业态、不良的地段等不利因素，就不会有什么问题。

②面谈时的应答

· 经营者的回答是否思路清晰？是否有说谎嫌疑？

· 经营者是否了解事业的数值计划？（有些经营者可能请人代写事业计划书，自己并不了解其中的内容。）

· 当事业未能按照计划顺利发展时，是否准备了备用方案？

面谈时，主要考察的是经营者的人品，以及是否具备事业相关的经验、知识。当然，第一印象也很重要，所以必须注意服装、谈吐等最低限度的礼节。此外，热情与坦率也是很重要的。尽量以积极的态度展示自我吧。

另外，借款时"门路"与"介绍"的作用比想象中大。不同的门路与介绍途径往往会造成对方不同的应对态度。如果你是经由商工会、工商总会、咨询公司、会计师事务所介绍而来，那么最初的接触会顺畅许多。审查标准并不会因为介绍发生太大改变，但的确有许多直接找上门的人吃了闭门羹，导致自信心大受打击。如果周围没有合适的"门路"，不妨和商工会、工商总会商量，请求他们从中斡旋。

③担保、担保人

●担保的分量够吗？担保人具备担保能力吗？（日本政策金融公库里存在免担保、免担保人的融资制度。）

如果家人或亲属中存在资产雄厚的人，最好拜托对方担任担保人。若担保人身家不菲、出身良好，金融机构便会借出相应资金。或许有的朋友会说，我没有担保人，但我的事业内容完美得无可挑剔。我要很遗憾地告诉这些朋友，金融机构只有明白"借出去的钱能够按时回收"，才有可能放款。

Q 054

年轻人初次创业是很难借到资金的，这是真的吗？

　　并不存在因为自己是年轻人所以借不到钱的情况。但经验较少的年轻人的确容易在审查中遇到以下难题。

①无自有资金

　　年轻，且具备充足的自有资金的人是非常少的，这一点导致年轻人很难借到大额资金。倘若你既年轻又兢兢业业地存钱，拥有一笔自有资金，那么评价会很高。我在 Q051（第 161 页）中介绍过，从父母手里借来的钱是无法被认定为自有资金的，这一点值得注意。

②餐饮店工作经验少

　　餐饮店工作经验较少也容易拉低评价。比如，只在餐饮店工作了半年，就"突然要创业"，这种情况很容易被认为经验不足。至于是否工作几年后再创业比较好，其实并没有一个固定标准。不过，工作经验过少，是很容易被金融机构挑刺的。

　　但是，倘若你不想长时间驻守在店铺，只想做一名经营者，餐饮店的工作经验就显得不那么重要了。即便如此，你也应该表现出自己具备充足的餐饮店经营知识。

Q 055

资金筹措④

想向家人或朋友借钱，有什么值得注意的地方吗？

首先，**当你向朋友借钱时，要先想好一旦无法归还借款，你们之间的友情将何去何从？**如果你认为"有可能破坏我们之间的友情，这一点是我无法接受的"，那么最好不要向这位朋友借钱。

创业没有绝对一说，尤其是餐饮店。我在前文中也介绍过，餐饮店开业三年后的倒闭率是 70%，十年后的倒闭率是 90%，是倒闭率极高的一个行业，希望大家时刻铭记这一点。

和家人借钱的话，即使无法还钱，多数情况下也会通融，因而不失为一个好的选择。但是，**即便是和家人借钱，也应该制定合理的还款计划，按照计划一步一步还款。**因为是家人，就认为"什么时候还都行"。抱着这种想法，容易使你的经营与资金使用变得缺乏计划性。另外，如果没有合理的还款计划，这笔钱有可能被视为赠与，而赠与是需要缴纳赠与税的。

人都是脆弱的，所以需要为自己创造严苛的环境，培养自律性，锻炼出即使在严苛的环境下也能取得成果的智慧。

Q 056

寻找店面①

怎样获得店面信息？

这个问题非常重要。**目前，在餐饮店经营中，能否找到优良店面已成为决定成败的重要因素。**这虽然是事实，但作为餐饮店创业顾问，我却不敢大声宣扬这一点。为什么这么说呢？因为，如果认为优良店面是成功的重要因素，那就意味着菜单、经营概念、接客方法、内装等统统变得不再重要。

我本身，作为一名餐饮店顾问，是非常重视包含经营概念在内的经营策略的。我也曾通过制定新的经营策略，帮助许多餐饮店起死回生。要有无论在哪里开店、无论选择什么样的店面，都能做出成绩的信心。但是，我也确实曾对一小部分客户提出过诸如"如果是现在的店面和地段，我希望你马上关掉这家店，另开新店"的建议。

我之所以重视"寻找优良店面"，原因在于以下两点。

①店面=地段，是成功的关键

作为餐饮店，菜品的味道和服务固然重要，但地段也非常重要。无论你能提供多么美味的食物、多么贴心的服务，如果顾客不知道你的店，照样不会光顾。如果你的餐饮店在交通不便的地区、需要花时间去的偏远地区，会极大降低顾客的光顾频率。偶尔能看到"偏僻地段大获成功"这样的标题，但偏僻地段的餐饮店要想获得成功，其经营者必须具备相应的能力、技术、创意和个性。"1%的具备独特才能"的人或许能够成功，剩下的99%就没有那么幸运了。

反过来，如果能找到与产品、服务相匹配的优良地段，则能确保80%的成功率。

②根据店面决定初期投资金额

现在的餐饮店经营中，"如何在短时间内收回投资资金"变得极其重要。为什么这么说呢？因为竞争对手出现的速度越来越快，餐饮店的经营周期正在逐渐缩短。鉴于此，从"如何控制初期投资"这一角度来看，选择优质的出兑店面，而非全新店面，已成为成功的关键。

本节铺垫有些长，下面将正式进入主题——如何获取店面信息？委托房地产公司寻找店面是最常见的方法，在这里不做赘述。另外，我在前一本书《餐饮店"开设·经营"方法》中也说过，真正优良的店面不会作为房地产信息被公之于众。真正好的店面，早在被房地产公司登记以前就已经定好了下家。那么，怎样才能获得这些不被公之于众的"水面下的情报"呢？

从结论上来说，初次创业的人很难获得优质信息，好的情报往往掌握在实力雄厚的公司、具有广泛人脉的个人手中。

但这并不意味着初次创业者完全没有机会获得优质信息。我将为大家介绍几个获取信息的渠道。对自身人脉有信心的朋友，可以逐个尝试。

●餐饮相关企业（啤酒制造商、酿酒厂、其他原材料供应商等）

上述企业每日出入营业的餐厅，所以它们能够抢先一步得到店铺关张信息。若是出兑店铺，前店主想要出售内装、设备的话，一定会想方设法尽快找到买家。所以往往会和餐饮相关企业商量。

●房地产中介、房东

租客退租时，一般会通过房地产中介告知房东。房东会设法缩短因房屋空置无法收取房租的时间。所以，从接到租客的通知到正式退租这段时间，房东就会开始寻找下一任租客。因现任租客还未退租，所以不可能大张旗鼓地招租，但会通过熟人将消息传递出去。

●金融机构（银行）、会计师事务所、经营顾问等

为餐厅经营提供服务的公司，一般会事先得知关张消息。

这些公司也会帮助创业人士介绍店面，但作为回报，往往会要求对方使用它们的服务。金融机构会要求贷款业务，会计师事务所会要求签订顾问合约，这些都是不成文的规定。

若是优良店面，不妨与从中牵线的金融机构、会计师事务所保持业务关系，因为很可能某一天，你会需要它们的帮助。此外，经营顾问多数只会要求中介费，并不会强迫顾客签订顾问合同，这一点可以事先确认。

● 内装公司

实力雄厚的内装公司掌握着店面信息。但接受它们的帮助，往往意味着要接受它们的服务。为了不至于挨宰，建议大家事先要求"其他公司提供报价单"。

● 建筑公司

与内装公司一样，建筑公司也掌握着店面信息。实力雄厚的建筑公司可以与房东直接接触，所以极有可能淘到黄金地段的店面。但建筑公司多数希望建造全新的店面，所以一般不会介绍出兑店面。

● 设计师事务所

有名的设计师事务所往往掌握着最新资讯。许多事务所不仅承接新店面的设计工作，还会承接出兑店面的设计工作。所以，只要与它们搞好关系，便能获得店面信息。

●连锁餐厅、加盟连锁店总部

经营多家店铺的人，往往有多种途径获取信息。即使自己没有加盟连锁餐厅，如果与连锁餐厅、加盟连锁店总部的高层有私人往来，也可以获取店面信息。特别是那些不太适合该连锁餐厅的店面，很有可能转让给别人。

●商工会、工商总会

很多人或许不知道，商工会和工商总会往往掌握着一些小型店面的信息。特别是商工会，它们的经营指导员熟知地区情况，所以可以为在该地区寻找店面的人提供建议。

Q
057

寻找店面②

新店面和出兑店面，哪个比较划算？

出兑店面的好处在于，初期不用投入太多资金。新店面的话，哪怕是小型店面也需要花费 2000 万 ~ 3000 万日元。如果初期投入那么多资金，就意味着需要更多的利润，投资回收周期也会变长。

出兑店面的坏处在于，和新店面、毛坯店面不同，无法随心所欲地布置餐厅。餐厅装潢必须迎合该店面的面积和户型。此外，也无法做到像新店面那样，去符合自身业态需求的地段寻找店面，多数情况下必须"思考适合该店面的业态"。所以，需要经营者具备能够灵活调整产品、服务的技术。

虽然出兑店面具备上述缺点，但在如今的餐饮行业，选择出兑店面的成功概率必然比新店面高。大型、实力雄厚的连锁餐厅不在我们的讨论范围内。若是初次创业、资金较少的朋友，我强烈建议选择出兑店面。

此外，一些出兑店面可能隐藏着意想不到的陷阱。出现最多的情况就是，想通过选择出兑店面控制初期投资，结果店面现有的内部装修完全不能使用，反而花了许多钱。特别是肉眼看不到的供排水系统、供排气系统、天然气等，最容易花钱。因此，我建议大家在寻找出兑店面的同时，找好内装公司和厨房设施公司，对费用做一个初步估算。如果能当场定下店面的布局方案，便可以知道自己的预算资金够不够用。

为了提高寻找出兑店面的成功率，我将店面验收的要点整理成了表格，欢迎大家参考。

■出兑店面的查验清单

①地段的问题
识别性低，不显眼
交通量、人流量少
停车场不好进（郊外餐厅）
需要预测城市开发、道路修建等对地段的影响
②内部、外部装修的问题
没有通风管，或排气能力弱
没有油脂捕集器①（油水分离阻隔器）
供排水、天然气管道老化，无法使用
供排水、天然气管道的位置不科学，需要重新装修
不同季节时，厨房和客席会变得异常炎热或异常寒冷
建筑与内装老旧，需要大规模补修

①　厨房为了避免菜、饭、油等直接流入下水道而安置的阻集器。

③前任餐饮店的经营问题
多家不同业态的餐饮店曾经在此营业，但每次都以倒闭告终
前任餐饮店出现了食物中毒等事故
④其他问题
房东有问题，会对经营带来不良影响
有不好相处的邻居，经常出现纠纷
临近住宅区的店面，可能因为噪声、排气等问题引发纠纷，需要做好心理准备

Q 058

餐饮业里的事业让渡和 M&A① 有什么优点？

餐饮业中，事业让渡与 M&A 还不是那么普遍，但确实有逐年增加的趋势。比如，店主年事已高，差不多该退休了，却没有继承者；经营者生病；一直帮忙运营店铺的店长辞职等等。有许多原因导致店铺无法经营下去。当店铺不是因为生意问题，而是出于其他原因无法继续经营时，多数情况下店主会考虑事业让渡或 M&A。

购买他人正在经营的餐饮店，有以下几个好处。

①有一批固定顾客

因为已经经营了一段时间，所以餐饮店已为附近的潜在顾客所知，也存在许多持续性光顾的常客。一般情况下，新店从开张到积累一批能够带来稳定营业额的常客，往往需要花费半年到数年的时间。餐厅自带顾客，意味着营业前就有了一笔潜在收益。

---

① M&A（Mergers and Acquisitions）即企业并购，包括合并和收购两层含义、两种方式。

②有一批固定员工

具体情况需要具体分析，但通过事业让渡或 M&A 取得的店铺，经常会继续聘用老员工。如果员工具备现成的运营知识、技术、经验，就可以省下雇佣、培训的经费和时间。餐饮业是较难招聘到员工的行业，所以这一点好处极大。

③能够精确地预测营业额与损益

因为可以事先了解前店铺的营业额与损益情况，所以会大大提高自身预测的准确度，也会有效地规避风险，显著提高成功概率。

事业让渡及 M&A 的案例中，多数经营者会咨询当地的税理士①、会计师事务所等，委托对方从中牵线。

一般情况下，刚刚创业的人很难遇到类似的好机会。但是，可能你的亲属或熟人恰好有事业让渡的需要。如果遇到这种情况，最好向专门的咨询机构、当地的税理士、会计师事务所等咨询。

---

① 根据日本《税理士法》，税理士为从事税务代理、承办税务文件和进行税务咨询等活动的人员。

Q 059

寻找店面④

使用便利店闲置的店面，有什么好处和坏处？

如今，便利店的行业竞争日趋激烈，越来越多的老式便利店倒闭后留下闲置店面。下面我将为大家介绍，使用便利店闲置店面开设餐饮店的利与弊。

●好处

• 地段较好

便利店多数开在交通量、人流量较大的地方。地段的识别性也较强，比较显眼。

• 有停车场

开在郊外的便利店，多数附带停车场。不需要额外租借停车场。

●坏处

• 要花费内部、外部装修费

虽说不是新店面，但也不是所谓只剩毛坯的店面。比起出兑店面，自然要花更多钱进行内外装修。尤其是厨房的吸排气、排水系统，是最花钱的地方。装修费的多少取决于地段（是市中心还是郊区）、业态和内装公司，但若是便利店的闲置店面，无论怎么控制开支，初期投资都会超过 1000 万日元。

Q 060

寻找店面⑤

如何从多间店面中找出最合适的店面？

　　我们虽然在努力寻找店面，但事实是，找到百分之百符合心意的店面不是一件容易的事。最后，我们往往会在某些方面妥协，选择相对来说最好的那间店面。从低风险的角度来看，最应该重视的因素是**"投资回报率"**（Q045，参考第 130 页）。我们假设以下两间店面可供选择。

　　● 店面 A（地段：车站附近的黄金地段　铺租：60 万日元　面积：45 坪　初期投资：1800 万日元）

　　● 店面 B（地段：繁华商店街　铺租：20 万日元　面积：25 坪　初期投资：600 万日元）

　　店面 A 地段优良，虽然或许能够取得较高营业额，但铺租较贵，初期投资额不菲。店面 B 铺租较低，初期投资或许能控制在较低水准，但商业街地段无法获得较高营业额。找到备选店面时，首先应该像 Q037（第 99 页）介绍的那样，通过调查竞争对手的方式对营业额做一个大致的预估。通过调查我们发现，店面 A 每月营业额预计为 600 万日元，利润额为 60 万日元。店面 B 每月营业额预计为 200 万日元，利润额为 18 万日元。计算各自的投资回报率后，可以得出以下结果。

• 店面 A 的投资回报率：年利润（720 万日元）÷1800 万日元＝40%

• 店面 B 的投资回报率：年利润（216 万日元）÷600 万日元＝36%

单纯从投资回报率的角度来看，店面 A 投资回收周期较短，似乎条件更优。但若实际上的营业额和预期有差距，投资回报率就会发生巨大变化。比如，店面 A 的实际营业额为 500 万日元，实际利润只有 30 万日元。此时，年利润为 360 万日元，投资回报率下降到 20%。

总而言之，就像我强调过无数遍的那样，**"进行正确的营业额预估是十分重要的"**。虽然，我建议大家通过调查竞争对手的方式预估营业额，但事实就是，营业额的预测依旧不是一件简单的事。

最终的判断，必然与你自身的价值观、对未来的规划有极大关系。举个例子，你曾经是一名厨师，打算通过创业成为一家餐厅的店主兼主厨，那么哪怕投资回收周期较长，大概也愿意开一家具有一定规模的餐厅。反过来说，如果你只是想开一到两家餐厅试水，把成败的筹码压在第三家店铺上，那么就不能在第一家店铺上投入太多资金。因为一旦失败，就需要花较长时间重整旗鼓。

　　总而言之，请大家务必以投资回报率为基准判断店面。如果将投资回报率设定得高一些（50%以上），那么即使实际营业额低于预测，也不会造成太大损失。

Q 061

签订店面租赁合同时，有哪些值得注意的地方？

当我们不具备店面租赁的相关知识时，往往会在不利的条件下签订合约。所以，请务必注意以下几点。

①退租时的条件

即使租的是出兑店面，从前店主处购买了内部装修，但如果合同中写明退租时必须恢复成毛坯状态，原则上这部分的费用由你承担。如果房东在你退租后会继续寻找开餐饮店的租户，找到下一任租户后便将装修、设备转让给对方，那么这种情况下是不需要将店面恢复成毛坯状态的。但是，如果房东不再想把店面出租给开餐饮店的人，那么就必须由你将店面恢复成毛坯状态。

实际的租赁合同中，大多会添加退租时必须恢复成毛坯状态这一条款。最大的问题在于，许多人容易忘记，或者压根没注意到这一条款。店铺经营过程中，往往会发生许多意外。因此，最好把退租时的费用也纳入预算中。

②关于保证金（押金）

我在 Q051（第 161 页）介绍过"扣除保证金"这一条款。也就是说，需要我们事先确认合约中是否存在扣除抵押在房东处的保证金的条款。如果存在与"扣除保证金"相关的内容，可以与房东协商，尽量删除这些条款。

对于"扣除保证金"这样的条款，请各位一定与对方好好协商。现如今，房东的日子也越来越不好过了，所以要充分考虑到对方扣押保证金的可能性。

③关于定期房屋租赁合同

租赁合同分为土地房屋租赁合同和定期房屋租赁合同两种。前者是最常见的合同，问题不大。定期房屋租赁合同恰恰相反，它对租户而言极为不利。许多案例是这样的，房东或房地产中介知道租户缺乏相关知识，从而诱导对方签订此类合同。所以我们需要提高警惕。

定期房屋租赁合同中，以下几点对租户不利。

●存在合约终止后，强制性退租的风险

普通的租赁合同，合约期结束后，也可以通过"续约"的方式继续承租。即使与房东关系不好，只要按时支付房租，遵守规定，法律上房东是不能因为自身的意愿强迫租户退租的。

但是，如果签订的是定期房屋租赁合同，不论你投入了多少资金，进行了多少内部装修，一旦合约期满，只要房东不同意"续租"，都会被"驱逐"。如果合约上注明必须拆除内装，在毛坯状态下退租，那么在内装上投入的资金就会竹篮打水——一场空。

退一步说，即便房东答应"续租"，在交涉房租时，租户也容易处于非常不利的位置。因为如果不答应房东提出的房租要求，就必须退租，所以租户很有可能被抓住软肋，被狠宰一通。

● 不能砍价

普通的房屋租赁合同允许砍价。比如，修建了新马路导致交通量骤减，隔壁新开了餐饮店而导致营业额骤降，等等，当周围环境发生巨大变化时，房东有可能答应租户的降价要求。

但是，如果签订的是定期房屋租赁合同，一旦签约成功，房租是不可能降的。对房东而言，倒是规避了租金下降的风险。

● 不能中途解约

原则上，定期房屋租赁合同是不允许中途解约的。只有在解约部分有特殊约定的情况下，才允许中途解约。如果没有特殊约定，几乎不可能中途退租。如果强制退租，退租后也可能需要承担合约期内产生的房租。

　　提出签订定期房屋租赁合同的多数是车站附近等"黄金地段"的店面的主人。其他情况，就是房东打算将来改变房屋用途、进行再开发等。当房东提出签订定期房屋租赁合同时，可以与对方协商，争取在解约的部分添加特殊约定，或者酌情减少铺租、保证金等。不管怎么说，此类合同都对租户极其不利。

店铺设计·内部装修①

委托装修公司的流程是怎么样的？

下面将为大家介绍委托装修公司的流程。

①联系装修公司

首先，可以拜托餐饮相关企业、熟悉的餐饮店店主介绍装修公司。如果餐饮店中有你喜欢的装修风格，可以拜托那里的店主牵线搭桥。此外，还可以通过网络或杂志进行筛选。

可以打电话给感兴趣的内装公司，约定时间面谈。其间对自家店铺的业态、客户类型、营业时间、客单价等做一个调查和整理，以便向对方当面介绍。

②请对方察看店面

下一步，就是请对方察看店面。此时，需要把事业计划详细告知对方，试图让对方理解你的想法。然后，让装修公司确认店铺的供排水系统、吸排气系统、电容量、天然气容量、水管设施、空调、热水器的安装位置等等。一开始如果不确认好这些要点，有可能导致工期延长，或者产生额外的开支。

委托对方提交报价单时，有一点值得注意。我们应该先告知对方："我打算让其他装修公司也提供报价单，可以吗？"事先告诉对方有比价需求，容易获得更细致的提案、更低廉的报价。

③请对方提交平面图、鸟瞰图①、报价单

对方了解了大致的预算，经过若干次实地勘察，一到两周后就会提交平面图、鸟瞰图、报价单。此时，需要预留出足够的时间，与对方就细节问题进行讨论。

不要仅通过邮件或传真联络，可以的话，最好约在店面内，面对面地交流。直接交流有助于更加详细地了解方案内容，直接询问不懂的地方。与此同时，还可以判断该家装修公司对待这一案件的态度是怎样的。有的装修公司态度敷衍，提交的设计图和报价单很随意。如果提交方案这一阶段都如此随意，就极有可能在实际动工中偷工减料。

报价单中会列出各个施工项目所对应的金额。我们要尽可能问清施工的具体细节，以及所需费用，便于与其他公司的报价单作对比。

———————————

① 鸟瞰图是根据透视原理，用高视点透视法从高处某一点俯视地面起伏绘制成的立体图。

④就施工项目、价格进行讨论

与各装修公司进行第一阶段的交涉后，就可以定下方案最优、最符合要求的装修公司。下一步，就是讨论最终的价格与施工项目。装修是一旦决定就很难更改的事情，所以一定要耐心与对方沟通，打磨各自的想法，争取不要留下无法接受或令人担忧的地方。

签约前如果不认真讨论，事后便容易产生类似于"说过，没说过"这样的纠纷。所以，双方就工程的细节事先进行讨论是十分必要的。

⑤签订合约

如果对施工内容与价格都没有异议，就可以签订合同了。签订合同时，一定要认真阅读合同条款，遇到不明白的地方就提问，直到弄懂为止。签订合约后，过一周左右就会开始施工。工期短则一周，长则一个半月左右。

一定要确认好合同中的支付条款。有的合同规定所有工程结束后才付全款，有的则规定施工时付一半定金，验收时付剩下的一半。还有一些装修公司要求施工时支付全款。所以尽量事先确认，不要造成双方的误解。

以上就是委托装修公司的流程。最重要的是找到一家值得信赖的装修公司，通过反复沟通交流，与对方建立起信赖关系。有些经营者在第一家餐厅成功开业之后，第二家、第三家会继续委托同一家装修公司装修。建立信赖关系的关键在于，与对方保持友好交流的同时，明确地表达自己的想法，并倾听他人的想法。

店铺设计·内部装修②

该怎样选择内装公司？

选择什么样的内装公司至关重要。下面我将介绍具体的判断标准。

①餐饮店装修履历

最重要的是内装公司的实际装修成果。缺乏实际成果的公司装修出来的店面，不是餐桌与餐桌之间距离过近，就是没有考虑到人的活动路线，设计出的店面容易让顾客和员工感觉到不适。此外，该装修公司经手过的餐饮店是否生意兴隆，也是评判的要点。物美价廉的装修公司多数在业内的评价很高，所以，可以多向餐饮店同行打听。人气餐厅的店主具备人脉与势力，多数会和业内评价较高的装修公司合作。简而言之，优秀的人喜欢与优秀的人合作，经手过人气餐厅的装修公司大多都具备实力。

②方案与报价单是否合理

向多家装修公司索要报价单后，对方也会提交内部装修工作完成后的平面图、鸟瞰图。这些装修方案设计图是不同的。有的平面图详细、缜密，有的会出现各种各样的错误，比如用错比例尺，按照设计图配置餐位使过道变窄、难以通行等等。同时，有的公司给出的厨房设计并不清晰，或者没有考虑到厨房工作效率的问题。总之需要考察对方是否具备运营餐饮店的基本知识。经验丰富的内装公司一定具备基本知识，而且会将其运用到方案中。

有人会将设计工作委托给专业的设计师，有的则全部委托给装修公司。无论是哪一种途径，都需要确认对方是否具备流行敏感度。为了解这一点，可以去该设计师或该装修公司负责过的餐饮店，实地考察一番。

另外，还需要比较方案与价格。最值得参考的方法是，与提交了最优方案的装修公司进行价格交涉。对方是专业人士，必然知道许多降低成本的方法。比如你的预算是 800 万日元，而提供最优方案的公司报价 1000 万日元。此时，便可以与对方商量"我想委托贵公司进行装修，能否给出 800 万日元的装修方案"。

③应对的态度

内装公司有大有小，还有的是个体经营。有的内装公司，出于店面小或预算低的原因，甚至会轻慢客户。在交涉过程中，当你感觉到与对方负责人谈不来，或者被慢待时，最好更换负责人，或者更换内装公司。

实际经营后发现纰漏，或者产生意想不到的问题时，往往需要二次施工。以上种种都是餐饮店内装时会经常出现的问题。对方是否为出现了问题后能快速处理的装修公司、是否会做好后续的跟进事宜，也是判断标准。

Q 064

店铺设计・内部装修③

降低内外装修成本的诀窍是什么？

想用较少成本开店，就必须尽可能缩减内外装修的成本。在这里我将介绍三个降低成本的诀窍。

①委托多家装修公司报价，并进行比价

就像我在 Q050（第 153 页）中写的那样，"比价"是最重要的前提工作。通过比价，不仅能降低成本，还能获得更多装修方案。简而言之，比价是能够"提高内外装修的质量，压低价格"的方法，请各位务必在实际操作中运用。

②在索取报价单的方式上下功夫

委托装修公司报价时，可以让对方"提供最低限度的装修项目报价"，这个方法有利于控制成本。我们可以通过在最低限度的装修项目上一点一点追加项目的形式来完成装修。但是，这个方法极易使装修变得简略粗糙。精良的内外装修有助于吸引顾客，如果一味地执着于压缩成本而将店铺打造成一家毫无吸引力的餐厅，那就是本末倒置了。

③自己动手完成简单的施工

自己动手可以有效地降低支出。询问过报价单细节后，你会发现自己能做的事比想象中更多。特别是在顾客看不到的地方，比如一部分厨房和后院，这些地方不需要做得完美无缺。只要去家装中心，就能找到任何你需要的材料。利用互联网可以极其方便地搜索出简单的施工教学视频。

经常看到这样的案例，原本委托装修公司需要花数十万日元的工程，自己动手花数万日元的材料费就搞定了。力所能及地做一些简单施工，能够缩减工程支出。

我的公司经营的餐饮店，为了降低装修成本，书架、厨房餐具柜、厨房推拉柜、楼层的储藏柜、告示板等物品都没有外包给装修公司，而是委托朋友定做，成本只有材料费。此外，内装所产生的废弃物也不要委托装修公司处理，可以自己联络废弃物处理公司，自己准备废弃箱，如此一来，最少可以节省五万日元的经费。

Q 065

店面布局有什么值得注意的地方吗？

内部装修不仅能够提高顾客满意度，还能影响餐位周转率和客单价。此外，与今后的营业额、成本有直接关系，因而需要慎重对待。首先，从提高今后的营业额这一视角来看，店面布局中有两点需要注意。

①尽可能增加餐位数

餐饮店的餐位数在某种程度上可以决定最高营业额。因此，餐位数越多越好。考虑到业态、厨房与大堂的比例等因素，对于店铺整体面积来说，每坪设置 1~1.5 个餐位是比较合理的。

郊区与市中心的标准不同。郊区的标准是每坪 1 个餐位，但市中心的话，即使出现了每坪两个餐位的居酒屋也是没有问题的。住在市中心的人每日乘坐拥挤的电车，穿梭在人群中，早已习惯身边他人的存在。但是住在郊区的人不是这样，一旦与陌生人之间的距离过近，他们便很容易感受到压力。同时，在郊区的餐饮店，偶然遇见熟人的概率很高，若餐位之间的距离近到能听清楚邻桌的说话声，顾客恐怕会觉得不舒服。

②保留可以容纳多人的宴会空间

我建议那些可以举办宴会的餐厅，尽可能多地扩大宴会空间，确保容纳更多人。因为餐位数不够而无法举办大型宴会，是非常可惜的一件事。尤其是，很少有餐厅具备能够容纳 25 ~ 30 人的宴会空间，所以如果你的宴会厅能够容纳 30 人，仅凭这一点就能在市场竞争中与其他店拉开差异。前文已经为大家介绍过提高餐位使用率的方法，在这里我还是建议大家多在设计上下功夫。尽量设计成那种平时间隔开，举办宴会时可以取消隔断变成一整张大桌子的餐位。

接下来，从降低成本这一视角来看，也有两点值得注意。

❶有意识地注意人的活动路线能够节省人工费

店面布局中，有意识地注意工作人员的活动路线，能够节省人工费。所谓活动路线，指的是人移动的轨迹。正确的活动路线能够提高工作效率、服务水准。应该优先考虑厨房与客席、客席与收银台之间的移动路线。此外，厨房内部的移动路线如果不科学，会影响上菜速度，而导致最终选择增加不必要的人手。应该考虑什么样的移动路线能够提高全体员工的积极性（提高效率）。如第 205 页图所示，如果在厨房与客席之间设计两个出入口，就能方便工作人员进出，同时，因为厨房与收银台之间的距离很近，也便于开展各项收银台工作。

此外，视野开阔的店面布局有利于服务员及时撤走空盘，或是注意到顾客有续杯的需求，有助于提高服务水准。

■ 有意识地注意活动路线的店内布局

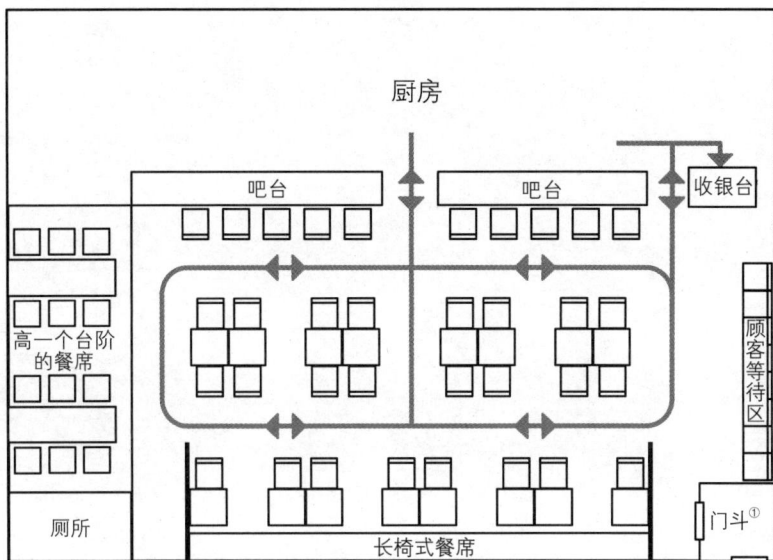

厨房

吧台　　　　　吧台　　　　收银台

高一个台阶的餐席

顾客等待区

厕所

长椅式餐席

门斗①

———————

①有挡风御寒等作用的建筑过渡空间

❷减少空调暖气支出

需要确认吸排气系统运作下的室内通风状况、厨房与大堂的距离感、是否设置了门斗、墙壁的厚度和缝隙等因素，尽可能打造出一家舒适的餐饮店。

餐饮店通常通过厨房的管道排气，若排气功能不强，热气与油烟就会堆积在厨房内部。但若排气功能太强，开门时，外部空气又容易进入店内。夏天的热气、冬天的寒气若能轻易进入店内，就会增加空调暖气的费用支出。如果在厨房一侧同时设置吸气口，就能够确保客席处于恒温状态。

Q 066

店铺设计・内部装修⑤

厨房布局有什么值得注意的地方吗？

厨房布局值得注意的地方在于**作业流程和工作人员的移动路线**。

一般的厨房作业流程是**①验收食材、②储存食材、③处理食材、④加热烹饪、⑤装盘、⑥上菜、⑦清洗餐具、⑧收纳餐具**。厨房接收外部食材，然后保存、处理、烹饪，装盘后呈递给顾客，最后清洗空盘，收纳餐具。好的厨房布局会促使这一流程进行得更加顺利。

此外，要想把厨房布置得更加紧凑，就需要用带推拉门的货柜、冷冻桌（带操作台的冰箱）。还可以灵活使用推拉货柜的上方空间。所谓冷冻桌，指的是将冷藏冷冻柜顶部当作操作台使用。

居酒屋一类的餐厅上饮品的频率很高，对速度也有要求。如果把饮料区设置在厨房最里面，会大大降低效率，所以最好设置在厨房与客席交界处的位置。设置两到三处水槽，有利于提高工作效率。

■ 有意识地注意活动路线的厨房布局

厨房门

冷冻冷藏柜
收纳柜
操作台
水槽
带推拉门的柜子

洗碗机

空盘
保管柜

炒锅

其他加热
烹饪机器

多炉口煤气灶

水槽

冷冻冷藏柜

带推拉门的柜子
冷冻桌

传菜桌
（从厨房传菜到大堂的出口台）

饮品
制冰机
水槽

收银台

　　工作人员的移动路线这方面，则需要注意两点。一是确保厨房通道留出足够两人擦身而过的空间，二是避免供应食材的路线与回收空盘的路线相重叠。设置两个厨房出入口，将极大提高员工的移动效率。有些店面设计的移动路线，甚至能让厨房的工作人员处理收银事务。

店面设计·内部装修⑥

厨房设备买一手的好，还是二手的好？

　　一手厨房设备和二手厨房设备的价格差距，和以前相比缩小了许多。冷藏冷冻柜、炒锅、多炉口煤气灶、烤箱等设备一旦发生故障，餐厅便无法营业，所以最好购买一手产品。

　　购买一手设备的话，可以要求 HOSHIZAKI、TANICO、MARUZEN 等厨房设备生产商提供报价单（如果是出兑店面，厨房中只使用了三到五年的设备，大部分是可以继续使用的）。

　　水槽、操作台、柜子、厨具套装等，买二手设备也是没有问题的。Temps Busters 这样的二手厨房设备贩卖商在全国各地都设有分店，可以去那里一次性买齐所有设备。

　　二手设备也可以通过专门的购物网站或拍卖的形式购买。网上拍卖时，虽然有时能低价拍下设备，但可能光邮费就要花数万日元。请大家考虑综合开支，择优选择购买途径。

第 3 章

即将开业时需要做的事及需要了解的信息

Q 068

採购食品原材料①

怎样寻找食品原材料供应商?

食品原材料会在很大程度上影响餐饮店的产品。能否遇到优质的原材料供应商,有时足以左右餐厅业绩。假设你开的是一家烤肉店,作为原材料的生肉,其质量与价格将在很大程度上影响业绩。所以,与优质供应商维持良好关系是很重要的。

寻找供应商的最好办法,就是请同行推荐。特别是人气餐厅的店长与经营者。与人气餐厅有业务往来的供应商大多是优质供应商,价格也可能低于市价。如果能够以与人气餐厅相同的价格采购同类型商品,就可以提高产品质量、降低成本。

如果你的熟人中没有餐饮店同行,那么我推荐去附近的人气餐厅用餐,直接询问对方。当然,如果你的店近到足以对对方构成竞争威胁,对方可能不会如实相告。但基本上,餐饮店的经营者对介绍供应商这件事不怎么抵触。此外,有些内装公司、营业顾问、会计师事务所、啤酒制造商等也有这方面的资源,不妨通过多种渠道打听。

找到优质供应商后，继续与对方建立信赖关系也很关键。如果单纯因为价格问题频繁更换供应商，那么对方很可能不会愿意再提供优质产品，这一点需要注意。

Q 069

采购食品原材料②

选择原材料供应商的标准是什么?

选择供应商的标准很多，我们可以通过了解各供应商的优势，从多家供应商采购不同的原材料。下面我介绍五个选择供应商的标准。

①价格

这是最重要的一点。可以通过比价的方式压低价格。

②质量

精肉、活鱼、蔬菜，其他专门菜系使用的食材等对质量的要求很高。可以要求多家供应商提供食材样品，经过反复试吃，最终决定使用哪家供应商的产品。但是有一些供应商，提供的虽然是优质样品，实际供应的货物质量却越来越差。因此，需要确认对方是否是那种可以长时间确保产品质量的供应商。

③交货期、应变能力

经营过程中有时会出现忘记订货、订货订晚了的情况。此时，供应商能否迅速交付商品也是值得考察的一点。此外，还需要考察对方是否具备良好的应变能力，比如是否能够通过清点库存品，补齐不够的原材料；在进货量不多，或者在指定配送时间是否愿意送货等等。

④负责人的知识·提案能力

原材料供应商中，有的只负责把货物运到，有的会与店长或经营者攀谈，在聊天的过程中透露其他餐饮店的状况、最近的流行趋势等。也有一些供应商会定期提交新产品方案。

⑤其他优势

除了以上几点，还有一些额外的因素可以考虑。比如，这家原材料供应商经常在你的餐厅举办宴席；供应商交友广泛、人脉甚广，会帮忙宣传你的餐饮店、帮忙介绍人才等等。

Q 070

采购食品原材料③

与供应商签订合约后，对方会无偿赠送设备，这是真的吗？

餐饮店开业时，有的供应商会赞助"物品"或"金钱"。

比如，**如果你店里的酒水全都从一家酒水供应商那里进货，那么该供应商很可能会送你冰箱或者陈列橱窗**。但是这种赠与与其说是礼物，更像是免费的租赁。一旦合约终止，多数情况下是要还给对方的。以前，有的供应商还会帮忙制作招牌，赞助力度很大，但最近的赞助力度小了许多。

此外，**啤酒制造商通常会赠送啤酒杯、玻璃杯、大玻璃杯等餐具，有的还会免费帮忙制作酒水菜单**。开业后，如果跟他们说"我想办生啤酒促销会，请帮帮忙"，对方也会赞助好几桶啤酒。我服务过的客户就曾经拜托供应者设计、印刷促销会的 DM 广告①。

当然，近年来啤酒制造商的赞助也少了很多，除了与生啤

---

① DM 是英文 Direct Mail advertising 的省略表述，直译为"直接邮寄广告"，即通过邮寄、赠送等形式，将宣传品送到消费者手中、家里或公司所在地。

酒有关的餐具、设备，几乎不会提供其他赠品了。

赞助的具体内容取决于餐饮店规模，各位可以尝试在不同情况下与对方商量。

Q 071

录用·培养人才①

什么时候招募人手比较好？

下面我将为大家介绍招募正式员工与兼职人员的时机。大家最好注意一下招募时间，尽量不要到临近开业时手忙脚乱地开展招聘工作。尤其因为近年来越来越难招聘到人手，所以某些地段的餐饮店还是尽早开始招募为好。

①正式员工

录用时间：开业前 2~3 周（不同的工作性质录用时间不尽相同，但至少要在两周前录用。有些餐饮店还需要进行培训，因此需要在开业前两个月录用员工）

招募时间：开业前 5~6 周（需要花费一周时间做招聘准备，假设招聘需要两周，那么从开始招聘到确定录用大概需要 2~3 周）

②兼职人员

录用时间：开业前 1~2 周（开业前需要一周左右的培训时间）

招募时间：开业前 3~4 周（需要花费一周时间做招聘准备，假设招聘需要一周，那么从开始招聘到确定录用大概需要1~2周）

Q 072

录用・培养人才②

面试兼职人员时，要考察哪些方面？

面试兼职人员时，可以考察以下几点。

①沟通能力

无论什么样的工作都需要沟通能力。特别是餐饮业，不但要与顾客沟通，还需要重视与同事之间的沟通。可以通过判断"对方能否理解提出的问题并回答问题"这一点来考察沟通能力。考察对方是否答非所问，是否具备接住话题、抛出话题的能力。

②遵守职业道德、职场规定的能力

最重要的是，对方是否守时，是否能够遵守餐厅的规定。如果面试时迟到，或者无法遵守约定，那么录用之后也可能出现同样的情况。

此外，还可以把求职者"过去"的经历作为判断依据之一。如果对方有工作过、兼职过的经历，可以考察对方曾经做过什么样的工作？持续了多长时间？辞去前一份工作的原因是什么？

等等。

③抗压性

餐饮店的工作绝对谈不上是轻松的。即便是兼职人员也十分辛苦。抗压性强的员工更容易待得长久。可以通过询问对方"过去如何克服障碍、困难"来考察这一点。能够很好地回答这一问题的员工，将来遇到困难时，半途而废的可能性较低。

④是否与餐厅合得来

有一点不能忘记，那就是对方与餐厅、与餐厅工作人员是否合得来。即便对方是认真踏实的人，如果与同事合不来，也很难在餐厅工作下去。首先要确认对方与身为经营者的你或者店长是否合得来。

此外，兼职人员"是否与餐厅的经营概念、目标顾客合得来"也是判断的标准之一。

Q 073

怎样培训兼职人员？

开业前要做的准备工作很多，没有太多时间培训兼职人员。但是，最初的培训成果往往会决定兼职人员的顾客的印象，所以不能在这方面偷懒。

①培训餐厅规则

所谓餐厅规则，指的是做一家餐饮店需要遵守的基本规则。有了这样的基本规则，餐厅经营才不会发生巨大偏差，才能促使员工往同一个方向努力。可以设定以下几个内容作为培训项目。

- 经营理念、对工作的思考

- 礼仪、礼节、仪态

- 不能做的事（禁止事项）

- 其他具体事项（伙食、会议等等）

②培训基本的工作流程

我们要将工作分为大堂工作、厨房工作两种，按照顺序、从易到难地教导员工。最好采用渐进式的教学方式，逐步提升难度。下面我将分别介绍大堂工作和厨房工作的培训顺序。

• 大堂工作

❶撤空盘

❷上菜、上饮料

❸制作饮品

❹帮顾客点菜

❺接电话

❻收银

• 厨房工作

❶清洗物品、收拾厨房

❷制作饮品

❸处理食材

❹制作沙拉、油炸食品等简单菜肴

❺制作主菜

　　学习工作流程最好的办法就是职务扮演训练法①。可以在接近现实的情境下，让员工进行角色扮演，重复多次工作流程以达到肌肉记忆的效果。这种方法能够让员工掌握处理多项工作时的优先顺序、应对突发情况的方法。

---

①　角色扮演，心理学上指通过设想现实场面，让受试验者自由扮演所期望的角色的一种心理疗法。今用作对企业员工进行教育等手段。

Q
074

录用·培养人才④

应该制作一份怎样的员工手册？

大型连锁餐饮店往往拥有一份事无巨细、内容繁多的员工手册。但中小企业或个体经营的餐厅不需要做到这种程度。下面我将为大家介绍制作一份简易员工手册的方法。

①员工手册宜做成口袋书大小

一边工作一边浏览员工手册，对员工而言更有效果。因此，最好将员工手册做成能够放进口袋的大小。纸张最好用 A6 尺寸，相当于一张折叠了两次的 A4 纸，即 A4 纸四分之一的大小。

②写上餐厅规则

员工手册开头的部分应该写上前文介绍过的餐厅规则。经营理念、对工作的思考等都是必须反复灌输给员工的。此外，禁止事项也最好事先落实在纸上，便于事后指导。

③写上基本工作和工作要点

接下来，应该分别写上各项基本工作的工作内容。具体的项目分类可以参考以下例子。

- 礼仪、礼节、仪态、接待顾客的八大用语（参考※部分）

- 大堂基本工作

- 厨房基本工作

- 其他基本工作（开门、关门）

- 辅助性工作（员工培训、对吸引新顾客做出的贡献、产品开发、广告促销提案等）

※接待顾客的八大用语

接待顾客时，必须掌握的八句话被称为接待顾客的八大用语。

- 欢迎光临

- 明白了

- 请稍等片刻

- 让您久等了

- 非常感谢

- 十分抱歉

- 实在不好意思

- 失礼了

我们应将各项工作分类，分别写出各自的工作内容。最好按照顺序、从易到难地书写，这样有利于明确下一个应该记住的工作流程。

除了工作内容，还应该归纳工作要点，点明哪些地方大家容易犯错，哪些地方需要随机应变。必须让员工明白手册不是一切，它只是一个指导标准。

在这里，我为大家列出了一家烤肉店的基本工作模板，欢迎参考。

■基本工作的工作内容（范例）

顾客引导	当顾客光临餐厅时，要迅速走向顾客（员工之间不应相互推脱）。
	引导顾客走向餐位，引导过程中告知其他员工："××位新顾客光临餐厅！"
	如果只有一名顾客，应该喊："顾客光临餐厅了！" 顾客的朋友到达时，应该喊："您的朋友来了！" 如果是预约的顾客，应该喊："预约的顾客光临餐厅了！"
	顾客就坐后，要送上准备好的热毛巾。如果顾客中有儿童，可以提议儿童套餐。
	询问顾客是否要点饮品时，应该说："方便的话，可以先问一下您打算喝什么吗？" 顾客点完饮品后，应该喊："获得了新的饮料订单！"

（续表）

顾客引导	制作饮品和小菜，呈递给顾客。此时应该一边报出饮品名称，一边把饮品准确地交给点单的顾客（若顾客不需要小菜可以不提供）。
	询问顾客是否要点菜时，应该说："如果已经决定好了，可以告诉我您打算点什么菜吗?"顾客点菜后，应该喊："获得了新的点单!"
	如果顾客点了烤肉，要帮忙点火，准备调味汁并且呈递给顾客。还要向顾客介绍："这是我们店自制的调味汁和萝卜泥醋。"
	如果顾客不点烤肉，可以推荐火锅套餐："您点烤肉吗？如果不想吃烤肉，可以点火锅套餐哦，您觉得怎么样?"
	桌上如果没有插燃气导管，一定要插上。
	当顾客的朋友到达时，要递上热毛巾，询问对方喝什么。如果顾客吃的是烤肉，还要提供调味汁。
	流畅地完成这一系列的引导工作（可以结合实际情况变更话术，但需要抓住要点）。

Q 075

开业前有哪些事是容易忘记的？

餐饮店开业前要做的事情非常多。特别是初次创业的朋友，或许会觉得手忙脚乱。我也亲自料理了三次自己店的开业工作，一个人负担所有工作的话，真的非常累（我同时还在进行日常咨询工作，所以时间上的限制可能比一般人更多）。

临近开业的那段时间，你必须见许多人、完成许多任务、做许多决定。因此最好制作一份详细的时间表，将要做的事情一一列出。如果不这么做，很容易漏办一两件重要事项，导致开业延期，白白支出额外的人工费与房租（整体的时间表请参考第 21 页的 Q09）。

下面我将介绍开业阶段容易忘记的事项，请大家提高注意。

①忘记办理资格证、许可证

开业过程中，有人会忘记办理资格证、许可证。食品卫生责任者资格证、食品经营许可证，这两个证是必须办理的。而且，食品卫生责任者资格证不能马上办理。时间长短取决于各都道府县的规定，但有的地方一个月只举行一次考试。此外，食品经营许可证也要经历提交申请资料、接受资料审查、获得批准这样一个过程，最短也要花费两周时间。因为忘记向保健所提交申请，而导致开业延期的大有人在，所以需要注意这一点。

此外，前文也提到过，我在第一次开居酒屋时不知道还需要检查井水水质，后来火急火燎地做了水质检查，导致整个开业过程狼狈不堪。当餐饮店使用蓄水槽、井水时，需要向保健所提交《水质检查成绩书》。我在 Q042、Q043 中详细介绍了需要的资格证、许可证，请加以确认。

②没有及时申请电话、网络

最近，电话和网络的签约往往是捆绑在一起的，拉一根网线就能同时满足打电话和上网的需求。但是，网线并不是提出申请就能马上安装的，多数情况下需要等一段时间，有的甚至要等一个月。电话线不通的情况下，当然无法正常营业，只能将开业日期延后。

③没有招募到人手

我在 Q071（从第 219 页开始）为大家写明了招募兼职人员的时间。考虑到需要一周准备时间、一周面试时间，从招募到正式录用兼职人员大概需要 1~2 周时间。因此，必须在开业前的3~4周开展招募工作。而且，近年来呈现用工荒趋势，可能花1~2周招募还是招不到人。如此一来，所有流程都不得不往后顺延。如果你并没有什么可以通过熟人介绍招聘到员工的途径，最好将招募时间定得宽裕一些，多给自己一点时间招聘员工。

Q 076 | 店名

怎样为餐饮店取名字？

开餐饮店的人经常就店名问题向我咨询。原本取店名是一件随心所欲的事，选择自己喜欢的名称就好，但以往的案例中，店名引发纠纷的可能性也是存在的。而且，店名一旦决定便很难更改。为了使店名成为今后餐饮店经营的加分项，我们需要规避以下几种名称。

①难读的店名

最好不要选择用英语或其他语言书写的店名、读不出来的店名、难读的店名。或许这个名字有很深的寓意，但如果别人读不懂，就无法起到传播效果。有些店名用汉字代替假名的表音功能，顾客完全读不明白，这就成了问题。

"车站附近开了家新的居酒屋哦。叫什么名字来着？好像是四个汉字什么的？"一旦产生这样的对话，说明顾客难以记住店名，对餐厅的传播作用无疑是负面的。意大利餐厅、法式餐厅等餐饮店，需要照顾到品牌孵化，所以店名有些难读也是情有可原的。即便如此，还是推荐大家使用朗朗上口、易于传播的店名。

②无法让人看出店铺业态的店名

无法让听到的人产生联想，猜出这是一家什么店的店名，就不能说是好店名。最好选择能让人联想到餐厅业态的店名。"面馆××"或者"××咖啡馆"等，将店铺的业态名放在开头或中间位置，能给人一种一目了然的感觉。

③烂大街的店名

拟好备选店名之后，可以上网搜索一下。如果是满大街都在使用的店名，或者已经被著名品牌使用过的名称，则最好避免使用。

你可以想象一下这个店名出现在餐厅主页和美食网站时的场景。当别人搜索时，一定会出现其他同名餐厅，而且排名比你靠前。如此一来，顾客会觉得混乱，自己也要花费更多时间和精力去解释，对餐厅经营来说是相当不利的。

不管怎么样，给餐厅取名时最好多问几个人的意见。问过别人之后，也许你会发现别人给出负面评价的理由都是你未曾想过的，比如难读、难记等等。

Q 077

营业日、营业时间

怎样决定营业时间和定期休息日？

营业时间与定期休息日一旦确定，就无法轻易更改，所以最好慎重思考后下决定。不同的地段与业态，决定的方法也不尽相同。在这里，我将向大家介绍适用于一般情况下的方法。

①关于营业时间

拉面、乌冬面、荞麦面、食堂等客单价较低，且以白天为主要营业时间的业态，多数会将营业时间定在白天 11 ~ 15 点，中间休息两小时左右，晚上从 17 点营业到 21 或 22 点。

如果餐厅位于夜晚顾客较多的地段，那么营业到凌晨或凌晨一点也是可以的。但这里存在一个问题，那就是营业时间较长的业态，必须雇佣许多正式员工。

如果事先将烹饪、接待顾客、收银、其他管理业务等条理化，那么即使出现正式员工不在的空档时间，餐厅也可以正常运转。但是，一旦涉及财务管理和投诉应对等方面的问题，兼职人员就让人有些不放心了。因此，营业时间较长的餐厅，需要雇佣更多的正式员工来弥补空档时间。经营者本身长期驻守店内也不是不可以，但白天、夜晚，乃至深夜都要营业的经营模式会对身体造成巨大负担。所以，决定营业时间前，作为前提，需要考虑正式员工与兼职人员的换班情况、人工费的支出情况等等。

此外，调查附近竞争对手的营业时间与客流量也是十分重要的一环。竞争对手如果能在深夜吸引许多顾客光顾，那么自家店铺也极有可能吸引到顾客，此时应该考虑将营业时间延长至深夜。

②关于定期休息日

定期休息日在很大程度上取决于地段。开在郊区的餐饮店应该选择星期天营业、工作日休息。开在商务街，或商务顾客较多的车站附近的餐饮店，多数会把星期天设为定期休息日。

如果餐厅位于适合星期天营业、工作日休息的地段，最好不要将星期一设为定期休息日。因为"Happy Monday"制度①实行之后，星期一将极有可能变成节假日。许多餐饮店规定"如果星期一是节假日，那么便顺延至星期二休息"。但对于顾客来说，这样的规定很难记得住。所以在工作日休息的餐厅多数会避开星期一、星期五，选择在星期二、星期三、星期四休息。

此外，我们还需要调查附近竞争对手的定期休息日。假设，

---

① 日本将一部分的节假日由固定的日期转移到特定星期的星期一的制度。

附近有一家生意十分火爆的竞争对手，此时，我们便可以选择
与对方错开的时间作为定期休息日。如此便有可能获得那些不
知道对方休息时间、误打误撞送上门的顾客。顾客并不会特意
记住一家店的休息时间。好不容易过来一趟，想去的店却大门
紧锁，不知道该如何是好的时候发现附近有一家餐厅在营业，
于是便走了进去。这样的情况比我们想象中要多。

　　如果附近的餐厅几乎都把定期休息日设在同一天，那么极
有可能是因为那一天招揽不到什么顾客。假设事实果真如此，
那么选择与其他餐厅统一步调才是比较明智的做法。

补助金、补贴金

餐厅开业前后，有没有可以使用的补助金、补贴金？

各都道府县及市町村都设有许多面向创业者的补助金、补贴金。**其中被使用最多的，是面向创业者的融资制度。**该项制度的优势在于，创业者可以以较低利率借入贷款。各市町村的规定有所不同，具体问题请咨询各市町村窗口、当地的工商会议所、工商总会等。

日本政策金融公库设有面向即将创业人群、刚刚开始创业人群的"新创业融资制度"。原则上不需要担保、担保人，申请的人很多。创业者不仅可以在开业准备阶段使用这项制度筹措资金，临近开业时，一旦出现装修费不够、采购费不够等预想之外的资金短缺问题时，也可以运用这项制度。请一定将其纳入参考范围。

此外，如果你的店开在商店街等特定区域，还有可能获得补贴金。这一点也可以前往市町村窗口确认。所有的补助金、补贴金、援助制度都需要办理一些手续，但一旦办理成功，便可以获得数万乃至数百万日元的资金援助，所以请务必调查清楚。

Q 079

开业时要不要举办招待宴会？

为庆祝开业而举办招待宴会，既有好处也有坏处。请大家在充分权衡利弊的基础上决定是否举办此类活动。

●好处

- 可以起到试营业效果，为正式营业做准备
- 可以邀请业内人士、亲朋好友，起到口碑宣传的作用
- 可以向邀请的顾客表达感激之情
- 顾客多数会携带贺礼，使整个餐厅变得熠熠生辉

●坏处

- 食材、人工、邀请函等都需要花费一定的成本

如上所述，主要的弊端在于成本方面。所以对于居酒屋、饭店这种服务次数较多、客单价较高的餐饮店，举办招待宴会可以说是利大于弊的。

Q 080

要不要举办开业大酬宾活动？

有的餐饮店会在开业前分发宣传单、海报，举办开业促销活动，有的餐饮店则不会这么做。我们来比较一下开业促销的利弊。

●好处

- 可以为开业起到助跑的作用
- 可以起到宣传作用，让人们知道你的餐厅开业了
- 可以减轻开业后的资金运转压力

●坏处

- 刚开业一切都还不习惯，服务方面容易产生问题
- 容易给顾客造成产品质量不稳定等坏印象，减少回头客数量

我服务的客户基本上**不会做开业促销，而是静悄悄地就把店开了**。因为很少有餐饮店能够在刚开业的时候提供完美的产

240

品和服务。首先，你应该具备一些耐心，等到员工习惯了自己的工作、餐厅操作流程日趋完善后，再举行开业促销。开业一个月后举行促销活动也不算迟。

Q 081 | 刚开业时应该注意的地方
刚开业时有什么地方需要注意吗？

刚开业那段时间是十分忙碌的，每天都会出现新问题，所以一定要带着每天让餐厅变得更好的想法处理各项事务。在开业最初愿意光临餐厅的顾客十分重要，所以必须打起十二分的精神，避免给对方留下坏印象。

①贴心询问每一位顾客的意见

刚开业时，餐厅操作流程还不够完善，在招待顾客的过程中容易出现许多失误，上菜不及时等等状况。此时必须耐心询问每一位顾客的意见，了解下一项基本服务有没有及时完成。

- 菜品质量如何？[味道、摆盘、量（分量）、温度等等]
- 有没有漏上顾客点的菜肴？
- 在被顾客叫到时能不能马上回应？
- 餐桌、座椅、菜单、厕所、员工本身是否能保持清洁？
- 结账过程中是否出现失误？

向顾客提供服务时，问一句"您点的菜上齐了吗"。结账时，问一句"菜做得合您口味吗"。这么做有利于防患于未然，将失误扼杀在摇篮里。同时，即便存在失误，也可以通过道歉

242

稍稍安抚顾客的不满情绪。

②创造吸引回头客的机制

餐饮店的回头率非常低，只有 40% 左右。也就是说最初光顾的新顾客 "60% 都不会再次光顾"。但顾客第三次光顾的概率是第二次的 80%，第四次以后就基本稳定在 90%（参考下图）。也就是说，第二次后回头率急速下降，之后逐渐稳定，这才是餐饮店顾客光临的实际状态。

■ 提高回头率将大大增加营业额

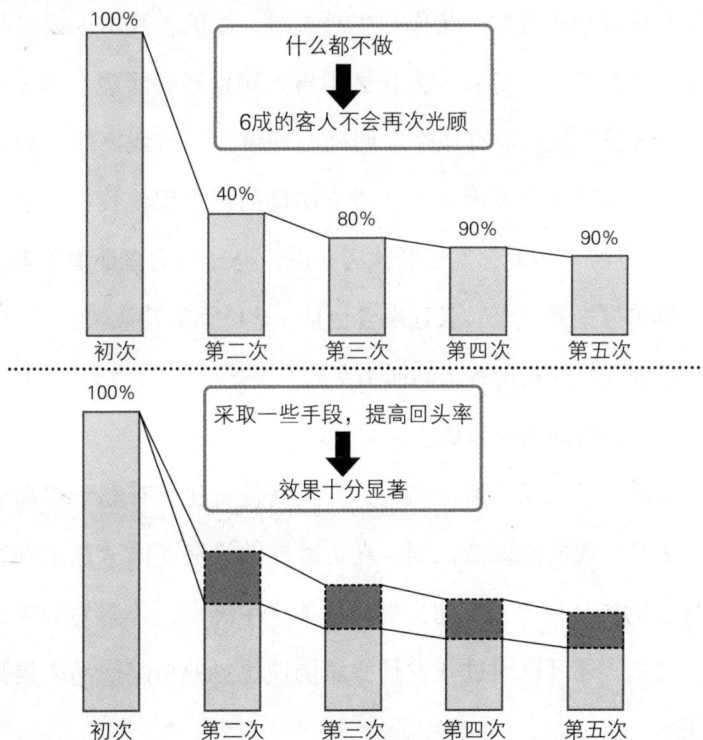

什么都不做
↓
6成的客人不会再次光顾

100% | 40% | 80% | 90% | 90%
初次 第二次 第三次 第四次 第五次

采取一些手段，提高回头率
↓
效果十分显著

100%
初次 第二次 第三次 第四次 第五次

243

此外，还有一项数据很有趣。我们针对这 60% 没有再次光顾的顾客做了问卷调查。当问到"为什么不再光顾这家店"时，本以为大概会得到"菜不好吃""价格太贵""等的时间太长，服务不周到"等负面回答。但事实与预想相反，此类回答只占全体的 10%。剩下接近 90% 的回答都是"没什么特别原因""不知道为什么""忘记了"等等。简而言之，顾客并不是因为"不满意而选择不再光顾"，而是"没有什么特别的原因，自然而然不再光顾了"，简而言之，这才是餐饮业的现状。

有没有一些餐厅，是你一生只去过一次的？我本人去过很多家这样的餐厅。那么，为什么不再光顾这些餐厅呢？这么一问，我才发现确实没有什么"明确的理由"导致我不想光顾这些餐厅，不光顾的原因在于"没有明确的理由促使我一定要光顾这些餐厅"。因此，对于餐饮店来说，提升回头率是十分重要的。哪怕只提升 10%，长远来看也是一笔巨大的营业额。

下面我将介绍两种提高回头率的方法。

● **打造优质的经营概念**

提高产品质量、服务质量，实现高性价比，有利于提高餐厅回头率。我们应该意识到，真正需要做的是提供"超出顾客期待"的产品与服务。超出期待才能产生感动，才容易形成口碑。另外，还可以通过开发具有压倒性优势的招牌产品来提高回头率。

● 创造光顾餐厅的"契机"

赠送打折券、优惠券，让顾客在问卷调查表中填写地址，寄送 DM 广告等，可以通过以上方式创造再次光顾的"契机"。顾客容易产生"难得有优惠券，再去一次吧"的心理，自然而然会增加光顾次数。许多餐厅会赠送顾客只要光顾三次就能积分的积分卡，这种方式旨在通过促使顾客光顾餐厅三次，提高顾客的回头率。

第 4 章

开业后需要做的事及
需要了解的信息

Q 082

店铺运营①

怎样才能解决让顾客久等的问题？

刚开业那段时间，店内操作流程不够完善，极易出现此类问题。

当出现此类问题时，不妨用以下三种方法解决。

①控制进店人数

即客满后不再接待顾客，控制进店人数的方法。首先要对菜肴的准备情况有一个大致预估，然后逐步将顾客引至餐席。具体做法就是，不要立刻清理（撤掉空盘）顾客留下的餐桌，任其保持原状。一旦餐桌清理完毕，顾客便会立刻坐下，或者发出"明明有空座位为什么不让坐呢"的抱怨声。

但这种方法原则上说并不是好方法，会让许多顾客产生"明明有空座位却不收拾、不好好安顿顾客，说明不够用心"的想法，留下糟糕的印象。

②将菜品集中在某几个种类上，尽量让顾客点推荐菜

削减掉某些耗时耗力的菜品，很大程度上能提高上菜速度。

此外，还应该开发上菜速度快、品质优良的"推荐菜"，促使顾客尽量点推荐菜。当顾客集中点同一道菜时，厨房的工作效率将得到大大提升。可以通过制作推荐菜单、为推荐菜品添加照片、工作人员口头推荐等方法，引导顾客点菜。

③增加人手，将员工培养成多面手

可以通过增加厨房人手的方法提高上菜速度。如果实在无法拨出额外的人工费，可以将一些简单的厨房工作交给大堂员工，让他们用50%的时间做大堂工作，50%的时间做厨房工作。可以从饮料·沙拉的制作、装盘等开始教，直到对方能制作简单的菜肴为止。

既能做厨房工作，又能做大堂工作的兼职员工，对餐饮店来说是不可多得的人才。我们要尽可能多地将员工培养成多面手。

Q 083

怎样预防食物中毒?

食物中毒对餐饮店经营来说风险极高。它可能使餐饮店在一瞬间失去长期积累的口碑、顾客、收益。没有什么方法可以百分之百杜绝食物中毒。我们必须在意识到风险的基础上采取行动，并做好每日的卫生管理。下面我将介绍几种预防食物中毒的方法。一般来说，预防食物中毒要做到以下三点。

①不将细菌"带入餐厅"，避免其"附着在其他地方"

选择值得信赖的供应商，杜绝一切细菌入侵的可能性是最基本的。2011 年发生在某家烤肉店的生拌牛肉食物中毒事件，据说极有可能是供应商将细菌带入了餐厅。此外，在诺瓦克病毒①引起的食物中毒事件中，多数是由员工将病毒带入了餐厅。某一个案例里，员工的孩子感染了诺瓦克病毒，员工本人无任何异常，照常出勤烹制食物，中途突然感觉不适提前下班。但是，这位员工制作的食物被棒球队的孩子们吃了，引发了食物

---

① 诺瓦克病毒是一组杯状病毒属的病毒，也称为"诺如病毒"。诺瓦克病毒感染影响胃和肠道，引起胃肠炎或"胃肠流感"。

中毒。这对餐饮店而言，是非常难控制的事情。因此，有必要出台一项规定，禁止那些家里有人感染了诺瓦克病毒的员工出勤。

此外，避免细菌"附着在其他地方"指的是避免将附着在原材料上的细菌，通过烹饪器具、厨师的手附着在其他地方。要做到这一点，必须让员工勤洗手、使用一次性手套，同时还要彻底做好烹饪器具的清洗、消毒工作。

②不使细菌"增加"

所谓不使细菌"增加"指的是做好食材、采购商品的保鲜工作，抑制细菌繁殖。多数细菌会在零下 5 摄氏度的环境下停止活动。我们应该避免将食材置于常温环境下，同时定期检查冰箱、冷冻柜的温度是否符合规定。

③ "杀死"细菌

在 75 摄氏度的温度下加热食材中心部位一分钟以上，可以杀死大部分引发食物中毒的细菌。在这里，我极力推荐大家使用"中心温度计"。可以选择最难加热的食材或场所，测量中心温度。即便无法做到每次烹饪时测量温度，也应该了解按照一般的烹饪顺序烹饪时，食材的中心温度会发生怎样的变化。为了制作出安全的食谱，请务必使用此类工具。"中心温度计"不贵，数千日元即可购入一台。

此外，根本性的对策还有一个，那就是不做生食菜肴。以新鲜活鱼为卖点的餐厅可能很难做到这一点，但少做生食菜肴，能在很大程度上降低食物中毒的风险，这一点是毋庸置疑的。如果大家想学习更具实用性的卫生管理措施，可以拜托出售卫生器材的公司介绍相关制造商，参加相关培训。地方保健所、食品卫生协会等机构，也会举办各种讲座，出借各种教材。

Q

084

怎样才能知道顾客对餐厅服务的态度？

如果你自己在店内工作过，就会发现了解顾客对餐厅服务的态度不是一件容易的事。如果你是店主兼主厨，整日在厨房忙碌，就更加如此，因为许多地方你是看不到的。在这里，我介绍若干种解决这一问题的方法。

①结账时向顾客搭话

我在Q081（第242页）中也说过，结账时同顾客攀谈一两句有助于了解顾客满意度。想询问顾客对接待顾客、服务这方面的感想，可以问："服务这方面没有什么做得不到位的吧？"顾客的表情会告诉你，究竟是满意还是不满意。这一步最好由店主或店长来做，但有些餐饮店的内部格局可能不允许这样做。此时便可让工作人员询问，通过这种方式，可以使这位负责询问的员工开窍，对接待顾客、服务这一块更加上心。

②进行问卷调查

基础但有效的手段当属问卷调查。重要的一点在于，必须事先明确问卷调查的目的，调查满意度的问卷和为了获取顾客信息做的问卷是不一样的。我比较推荐针对不同的目的制作不同问卷的方法。为获取顾客信息制作的问卷不要调查顾客满意度，而应该将个人信息栏设计得大一些。反过来，调查满意度的问卷，就不应该要求顾客写姓名或地址。写了姓名之后，顾客反而很难写下批评意见。

只是将问卷摆在桌上的话，顾客是不会主动填写的。这毕竟是需要对方花费时间精力做的一件事，所以最好提供一些好处。比如可以下次使用的优惠券、可以在今天使用的甜品券等。接下来要做的，就是拜托用完餐的顾客填写问卷，努力收集顾客的心声。

③灵活运用匿名调查制度

所谓匿名调查，指的是被称为神秘顾客①的调查员针对各项要点进行调查，并将结果提供给经营者的服务。调查员不会提前打招呼，所以员工会像对普通顾客一样向他们提供服务，他们可以站在顾客的角度考察满意度和餐厅的细节。这项服务运用得好的话，对了解现状非常有帮助。费用为一次一万日元至一万五千日元。

———————————

① mystery shopper，指受雇假扮成顾客去了解店铺服务质量的人，多属于第三方市场调研机构。

大型连锁餐厅及多店铺经营的企业多数会使用这种方法。我经营的餐饮店也使用了这项服务，调查公司提供的调查项目超过 60 个，满分为 200 分。此外，调查员还会以顾客的视角写下感想，可以清晰地知道顾客当天点了什么菜、接受了什么样的服务、感受如何等等。不同的业态有不同的调查项目模板，你也可以进行修正，加入自家餐厅需要的特定项目。通过此类调查，我们可以清晰地知道自家餐厅的不足之处，从而进行改善。

Q 085

接待顾客·服务②

怎样提高接待顾客的水平？

提高接待顾客水平最好的办法就是与工作人员反复沟通、不断改善。

①设定接待顾客·服务的目标、目的

首先必须明确自家餐厅的待客方式是什么，"希望给顾客一种什么样的感觉？"简而言之，就是将光顾餐厅的顾客的心情作为目标具象地描绘出来。在这里，我推荐大家将目标设为"提供超出顾客期待的服务"。我在 Q081（第 242 页）中也说过，现在的顾客越来越难找到"下次再来的明确理由"。街上充斥着大大小小的餐饮店，每家店都能提供独特的产品、服务、性价比，如果不具备特殊的冲击力，是很难给顾客留下印象的。

②了解餐厅接待顾客·服务的现状

可以使用前文提到的方法，了解顾客对餐厅的感受、餐厅目前的待客方式是怎样的、提供了怎样的服务等等。了解顾客心声之后，再分析现状，思考为什么顾客会提出这样的意见。

③改善接待顾客·服务的方式

分析完现状之后，我们要针对先前设立的目标制定改善措施、进行训练与实践。首先要保证员工有时间消化理解问卷调查、匿名调查的结果。然后逐步制定改善措施。在这一阶段，沟通是十分重要的。关键在于有没有针对先前设立的目标进行有效沟通。

下一步就是制定改善措施，进行职务扮演训练。要想从整体上提高接待顾客·服务的水平，就应该从顾客进店到离店为止，细分每一个服务步骤。

- 进店~引导
- 帮顾客点菜
- 上菜
- 用餐时的各类服务
- 结账
- 目送顾客离店

细分每一个步骤，有助于清晰地把握待客流程，方便员工行动。最重要的是，每一位员工都要充分理解自己的工作，为提高服务水平采取相应的行动。实行改善措施之后，要再次对现状进行把握，确认"是否在按照既定目标改善"。对出现成效的部分表示高兴，没有出现成效的部分就留到下次改善。如此周而复始、不断改善，最终会让餐厅的服务得到质的提升。

Q 086

接待顾客·服务③

处理顾客投诉时有什么值得注意的地方？

投诉给了餐饮店一个从整体上重新审视服务的机会，与此同时，也很考验应对能力，所以要重视平时的努力。下面我将介绍处理投诉时需要注意的基本要素。

①出现投诉后要耐心地听顾客说话

想平息顾客的怒火，首先要耐心地听对方说话。一味地道歉是无法解决问题的。应该问清楚对方为什么生气，然后有针对性地道歉。随后，告诉对方餐厅准备给出怎样的解决措施，以求获得对方的认可。最后，要向对方表示感谢，表明您的投诉对餐饮店而言是非常宝贵的建议。处理投诉是需要一定的应对能力的，所以必须由店长或经营者出面，这是铁律。店长不在时，代替店长处理事务的员工有必要事先做好应对投诉的准备，进行类似角色扮演的训练。大部分员工都不习惯"道歉"，一旦出现突发状况，往往不能诚心实意地道歉。有时，不真诚的道歉反而会使顾客更加生气。

②对恶意投诉不能轻易妥协

这种情况虽然不多，但确实有一部分顾客会进行恶意投诉。比如称因餐厅待客方式受到精神损害，要求金钱赔偿，毫无根据地投诉餐厅的食物影响身体健康等等。当可以清楚地判断餐厅方无过失、责任时，必须表现出强硬的态度，表明不会支付任何赔偿。有时，用金钱解决恶意投诉，只会招来无止境的恶意投诉。而经由保险公司审查不判赔的案件，餐厅基本上不需要赔偿。

③为了更好地应对投诉，购买店铺保险

餐饮店的经营是存在风险的，很可能因为一次食物中毒就失去长久以来积累的信誉、资金。如果没有发生纠纷，保险金是不会退回的，但从分散风险的角度考虑，还是建议各位参保。

我经营的餐饮店也购买了店铺保险，从结果来看，多数给人一种"幸亏参保了"的感觉。当然，我的店没有出现过食物中毒事故，但是，除了食物中毒，保险还能在各类破损和与顾客的纠纷上起作用。比如，顾客弄坏了厕所、门口的招牌被车撞了、服务员把红酒洒在了顾客包上等等。尤其是服务上的失误给顾客造成困扰时，是否购买保险将很大程度上影响店长的心理状态。购买了保险的话，顾客的医疗费、器物破损费都将由保险公司承担（前提是经审查后保险公司认可其中的因果关

系），所以店长能够爽快地承认餐厅的责任，在较早的阶段平息顾客的怒火。

　　此外，因保险公司配有律师，碰上找茬的顾客，也可以请求保险公司的负责人一同出席，冷静地与对方交涉。

Q 087

餐厅运营过程中需要投放广告、举办促销活动吗？

是否需要取决于你想把餐厅打造成什么样子。但从长久经营的角度来看，基本上是需要的。营业额持续增长的餐厅大多会投放广告、举办促销活动。原因如下。

①餐饮店不能缺少新顾客

无论是哪种业态的餐厅，如果没有新顾客，营业额迟早会变成零。为什么这么说呢？因为餐饮店的老顾客是处于逐渐流失的状态的。据说，餐饮店每月会流失约3%，每年流失约36%的老顾客。

在这里需要明确一点"无论顾客对餐厅多么满意，总会出于各种各样的原因无法继续光顾"。比如，调职、换工作、裁员、升学、毕业、搬家、盖了新房子、结婚、谈恋爱、生病、家庭经济情况变差等等。无论顾客多么喜欢这家餐厅，这些情况都是无法避免的。此外，当然还有"变成附近新开餐饮店的老主顾"这样的理由。你经营的餐饮店，必然也存在老顾客流失的情况，因此需要不断吸引新顾客。

即使不投放广告，不做促销，也有一些餐厅仅靠"熟人介绍"就能不断拉来新顾客，这是无可争辩的事实。此外，位于风景名胜区或超级黄金地段的餐厅，也是不愁客源的。但多数餐厅还是需要通过广告·促销吸引新顾客。

②潜在顾客挑选餐饮店的方式发生了变化

由于近年来互联网技术、城市基础设施的发展，潜在顾客选择餐饮店的方式也发生了改变。十几年前，即使从朋友那里听说有一家餐厅很好吃，也没有什么好的方法证实这一点。除了询问其他朋友、偶然从资讯杂志上看到相关信息之外，只能亲自去店里试吃。而结果往往不尽如人意，发掘新店本身变成了一种冒险。

但是现在，一旦听说了某家评价不错的餐厅，多数人会上网调查它的口碑。通过美食口碑网站或餐厅主页调查其产品、氛围、价格、交通路线等等。查不到任何信息的餐厅，与在美食网站和餐厅主页上都留下了一目了然的信息的餐厅，你会选择哪一个呢？毫无疑问，多数人都会选择后者。这是一个轻而易举就能做好事前调查的时代，潜在顾客为了避免踩雷，往往会慎之又慎。

简而言之，如果不事先将一些信息传播出去，很可能变成"不被潜在顾客选择的餐饮店"。

③应对顾客需求的变化

我服务的顾客经常投放各种广告、举办各类促销活动。给我的感觉是，通过观察顾客对待广告·促销的反应，更加容易了解顾客的需求。投放广告、举办促销活动时，要想象顾客在思考什么，对自家餐厅有一种什么印象。然后思考出符合顾客心理的推广方案。随后实施方案，测算结果与顾客反应，判断该方案是否成功，最后分析成功或失败的原因是什么。

反复进行"想象、验证顾客心理与行动的活动"，就能逐渐抓住顾客的需求，并且注意到顾客需求的变化。一旦顾客需求发生变化，需要更改的就不仅仅是广告·促销等"战术"上的手段，"战略"层面同样需要调整。

这里说的"战略"，指的是Q029（第75页）中提到的思考经营概念（产品、服务）、目标顾客、竞争对手三者之间的平衡。也就是说，广告·促销能为经营战略的调整提供重要的判断素材。

举一个简单的例子，某家餐厅将某次促销中大受欢迎的菜肴加进主菜单，不久之后这道菜就变成了餐厅的招牌菜。广告·促销是与顾客亲密交流的手段，因此必须加以利用。

Q 088

怎样计算广告 · 促销的效果?

　　一旦投放广告、举办促销活动，最让人在意的还是投入一定的资金后能不能取得效果。我向各位介绍一种计算效果的方法，我服务的客户也在使用这种方法。我以提问的形式为大家举了实际例子，请试着思考一下。

　　以下列条件进行的广告 · 促销产生了效果吗?

●广告 · 促销条件

- 郊区型居酒屋　月营业额 300 万日元

- 客单价　3000 日元

- 成本率 30%　利润率 10%

- 一组顾客的平均人数为三人

●促销内容与效果

- 在专门的资讯杂志上刊登广告

- 通过杂志光顾餐厅的顾客为 30 组

- 促销经费 18 万日元

如何呢？在资讯杂志上刊登的广告相对促销经费而言产生了效果吗？首先，请各位开动脑筋，独立思考。

接下来，我将介绍计算效果的方法。

首先，通过下列公式①计算该次广告·促销产生的营业额。

①来店组数×每组顾客平均人数×客单价=营业额

然后通过公式②计算出减去成本价后的毛利润。

②营业额×毛利润率=毛利润

最后，通过公式③计算出减去促销经费后的剩余资金。

③毛利润–促销经费=剩余资金

用以上公式套用该实例可得出以下结果。

①来店组数×每组顾客平均人数×客单价=营业额

30 组×3 人/组×3000 日元=27 万日元

②营业额×毛利润率＝毛利润

27 万日元×70%＝18.9 万日元

③毛利润−促销经费＝剩余资金

18.9 万日元−18 万日元＝9000 日元

也就是说，经过计算剩余 9000 日元，答案是"相对于投入产生了一定效果"。

当然，严格来说，那 30 组顾客中也可能包含不受广告影响的回头客。但是，被广告吸引而来的新顾客也有可能成为回头客，还有一些顾客虽然是看了广告后来的，但因为没有出示优惠券，所以不计入 30 组中。两相抵消，还是应该认为产生了一定效果。

这里还有一点需要注意。那就是公式②为什么不乘以利润率，而乘以毛利润率呢？餐饮店的老板经常这样说道："我们的利润率是 10%，所以花 20 万日元做促销的话，必须得到 200 万日元的营业额。""200 万日元的营业额才能确保 20 万日元的利润，如果营业额不超过 200 万日元，说明促销是没有效果的，不应该花钱做促销。"

这样的想法似乎是正确的，但其实存在巨大问题。为什么这么说呢？**因为无论你做不做促销，人工费、铺租、其他经费等固定费用都是恒定不变的。**请观察下图，思考一下营业额300万日元的餐厅，支出与利润的结构是怎样的。

■ 餐厅支出与利润的结构

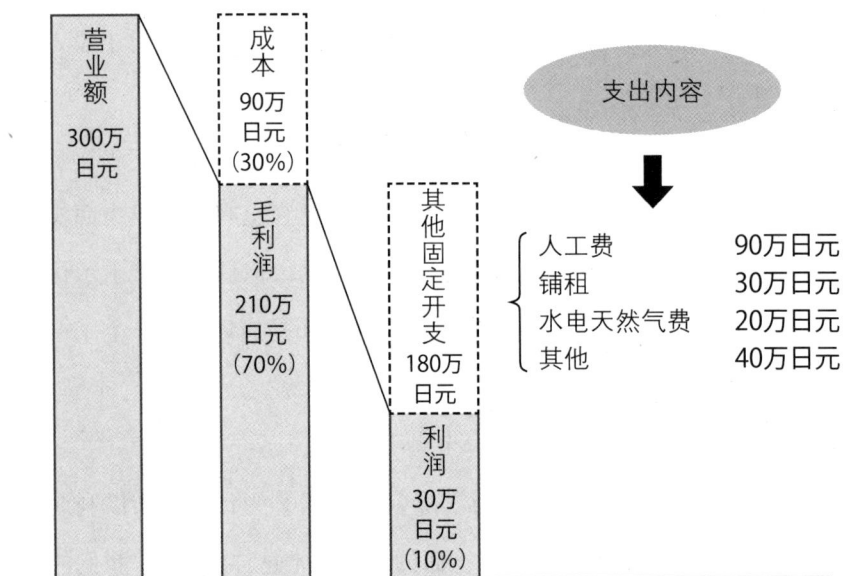

首先，营业额减去成本，得到的是毛利润。如果成本率为30%，则毛利润为营业额的70%，也就是210万日元。假设人工费、铺租、水电天然气费、其他经费等固定费用为180万日元，那么利润等于210万日元的毛利润减去180万日元的固定支出，为30万日元。

该店进行上述广告·促销行为时，增加的开支有哪些？用以购买原材料的成本虽然会随着营业额的增加而增加，但固定费用的部分是基本不变的。在杂志上刊登广告，并不会导致餐厅多雇佣人手，铺租也是恒定不变的。水费、燃气费等或许多少有些影响，但金额比较少，几乎没有计算的必要。

如此一来，假设广告·促销带来了 27 万日元的营业额，与此同时，增长的费用只有成本。去除掉 30% 的成本（27 万日元×30% = 8.1 万日元），剩下的毛利润就都是餐厅所得利润。

许多餐饮店经营者往往容易弄错利润率和毛利率的关系，得出"广告·促销不划算"的结论，进而以消极的姿态经营餐饮店。这将造成难以估量的机会损失，是非常可惜的。

简而言之，这些餐饮店经营者误以为实际上赢利的广告·促销行为"不划算"，便不再进行同样的促销活动。从结果上看，无异于放弃了许多提升营业额的机会。

让我们抛弃错误的想法，在科学计算的基础上，对广告·促销行为进行投资吧。

广告宣传·促销活动③

投放广告、举办促销活动之前，有没有办法预测实际效果？

运用前文介绍的方法，我们完全可以提前预测实际效果。同样地，我以提问的形式举出了实例，请试着思考一下。

杂志社给出的广告报价是 30 万日元。当广告支出为 30 万日元时，需要吸引多少组顾客，才能证明这一促销行为是划算的？

> ● **广告·促销条件**
>
> ● 业态为郊区型居酒屋
>
> ● 客单价 3000 万日元
>
> ● 成本率 35%　利润率 10%
>
> ● 一组顾客的平均人数为 2.5 人

需要吸引多少组顾客，才能证明促销行为是划算的呢？

这种情况下，我们可以先计算一组顾客的毛利润，这样比较好懂。与上一个案例一样，重点在于计算毛利润，而非利润。

首先，用下方的公式①计算一组顾客的营业额，平均人数乘以客单价就是一组顾客的营业额。

①每组平均人数×客单价=每组顾客的营业额

然后，通过公式②计算出减去成本后的毛利润。

②每组顾客的营业额×毛利率=每组顾客的毛利润

最后，按照公式③，用广告·促销支出除以每组顾客的毛利润，就可以计算出需要的顾客组数。

③广告·促销支出÷每组顾客的毛利润=需要的顾客组数

那么，我们试着用该公式套用以上实例。

①每组平均人数×客单价=每组顾客的营业额

2.5 人×3000 日元=7500 日元

②每组顾客的营业额×毛利率=每组顾客的毛利润

7500 日元×65%=4875 日元

③广告·促销支出÷每组顾客的毛利润=需要的顾客组数

30 万日元÷4875 日元＝61.5 组

也就是说，需要吸引 62 组顾客，才能证明这项促销措施是划算的。如果之前也通过同样的媒体渠道做过促销，可以在某种程度上预估是否能吸引到 62 组顾客。

如上所示，大多数广告·促销活动都可以在实施前预测大致的效果。尤其是过去已经实施过一次的促销活动，经营者对反响程度已经有了大致了解，所以预测不会出现较大偏差。在实施方案前预测结果，有利于减少广告·促销活动的失败概率，能够使我们以更加积极的姿态投放广告、举办促销活动。

Q 090

广告宣传·促销活动④

怎样在计算效果时反映优惠券产生的打折效果？

思考宣传效果时如果加上优惠券的打折效果，似乎会让问题变得更加复杂。但是，如果在前文两个问题算出的每组顾客营业额、毛利润的基础上进一步计算，便能轻而易举地算出结果。在这里，我依旧以提问的形式抛出实例，请大家开动脑筋。

在下列条件下进行的广告·促销活动，有实际效果吗？

●广告·促销条件

• 郊外型居酒屋　月营业额 250 万日元

• 客单价　3500 日元

• 成本率 28%　利润率 10%

• 每组顾客平均人数为 3 人

●促销内容与结果

• 在专门的资讯杂志上刊登广告

• 通过杂志光顾餐厅的顾客为 20 组

• 促销经费 12 万日元

• 使用优惠券，每组顾客可减 500 日元

首先，我们先用下方的公式①算出在这次广告·促销中，每组顾客产生的营业额。

①每组顾客平均人数×客单价＝每组顾客营业额

然后，通过公式②算出减去成本后，每组顾客的毛利润。

②每组顾客营业额×毛利率＝每组顾客毛利润

接着，用每组顾客毛利润减去折扣，在这个案例中，折扣金额为每组顾客 500 日元。

③每组顾客毛利润−优惠券折扣金额＝每组顾客减去折扣后的毛利润

接下来，用每组顾客减去折扣后的毛利润乘以来店组数，算出打折后整体的毛利润。

④每组顾客减去折扣后的毛利润×来店组数＝打折后整体毛利润

最后，通过公式⑤算出减去促销经费后的剩余资金。

⑤打折后整体毛利润−促销经费=剩余资金

接下来，我们试着用实例上的数据套用以上公式。

①每组顾客平均人数×客单价=每组顾客营业额

3 人×3500 日元=1.05 万日元

②每组顾客营业额×毛利率=每组顾客毛利润

1.05 万日元×72%=7560 日元

③每组顾客毛利润−优惠券折扣金额=每组顾客减去折扣后的毛利润

7560 日元−500 日元=7060 日元

④每组顾客减去折扣后的毛利润×来店组数=打折后整体毛利润

7060 日元×20 组=14.12 万日元

⑤打折后整体毛利润−促销经费=剩余资金

14.12万日元–12万日元＝2.12万日元

计算结果为2.12万日元，也就是说这场广告·促销活动是有"实际效果"的。

这里，许多朋友疑惑的点在于"应该从营业额中减去优惠券折扣"，"还是应该从毛利润中减去优惠券折扣"？从营业额中减去优惠券折扣后，再计算毛利润，与直接从毛利润中减去优惠券折扣，两种方法计算出来的剩余金额是不相同的。

正确答案是从毛利润中减去优惠券折扣。为什么呢？因为成本率不受折扣影响，是恒定不变的数值，减去优惠券折扣前必须计算出正确的毛利润。首先要算出正确的毛利润，再从中减去折扣。折扣应该从利润本身中扣除，所以从毛利润中扣除才是正确的计算方法。

Q 091

广告宣传・促销活动⑤

哪些广告・促销对餐饮店而言是行之有效的?

广告・促销活动的效果取决于业态、地段、知名度、产品・服务质量、企划内容、时机等因素。并没有一个统一标准认定某种促销手段一定有效,或一定无效。在这里,我将为大家介绍餐饮店常用的几种广告・促销手段。大家可以先尝试一些不用花钱的手段。

●有效的、招揽新顾客的广告・促销手段

- 建立熟客介绍新客的揽客机制
- 向报社投稿(普通的通讯稿是不需要向媒体支付费用的)
- 餐厅主页、博客、网页广告(电脑端・手机端)
- 美食网站
- SNS(Mixi、Twitter、Facebook、LINE 等)
- 店门口宣传(招牌、在店门口张贴广告等)
- 夹页小广告、海报
- 专门的资讯杂志、免费散发的报纸、其他杂志

- 电视、广播、报纸、职业经理人、代运营公司

- 交叉型优惠券（多家拥有相同客层的店铺联合推出的促销性优惠券）

- 建立社群（比如居酒屋的老板成立品酒同好会等，建立一个网罗潜在顾客的社群）

- 举办展销会、促销活动等

- 宣传册、名片、宣传卡片、小册子、书

- Town Plus（日本邮政提供的一种服务，可以在特定区域分发海报）

- 学习会、研讨会

●有效的、召集老顾客的广告·促销手段

- 电子杂志、明信片、DM广告、公司定期出版的时事通讯

- 餐厅主页、博客

- 美食网站

- SNS（Mixi、Twitter、Facebook、LINE等）

- 吸引顾客再次光临的优惠券（主要发放给新顾客，以吸引其再次光临）

- 积分卡

- 会员制度

- 建立社群

- 面向高端顾客的定制服务

- 举办展销会、促销活动等

- 策划给老顾客送礼

广告宣传·促销活动⑥

夹页小广告看起来要花不少钱，对个体经营的餐厅来说划算吗？

　　制作夹页小广告要花不少钱，所以不能说是性价比很高的方法。为了收回成本，我们的策划内容必须抓住潜在顾客的痛点，同时还要计算促销活动后得到的利润，开始一场高质量的复盘活动。

　　有时会看到某些餐厅打出全场半价的旗号，这种促销方式不能说是好的促销方式。为什么这么说呢？因为全场半价将大大降低餐厅的毛利润。

　　假设某件商品价值 1000 日元，成本率 35%（成本 350 日元），毛利润就是减去成本后的 650 日元。如果将这件商品半价（500 日元）卖出，350 日元的成本不变，毛利润变为 150 日元。也就是说，**营业额减少到原先的二分之一，毛利润不到原先的四分之一**（可参考第 281 页图）。这场促销活动需要收获平时 4.3 倍的营业额，才能获得与平时相同的毛利润。

■ 全场半价的风险极高

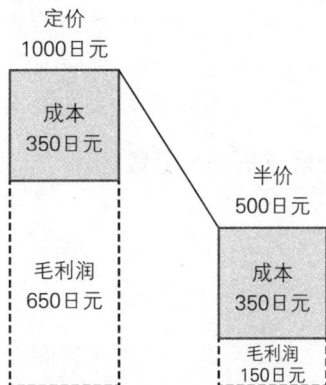

定价
1000日元

成本
350日元

半价
500日元

毛利润
650日元

成本
350日元

毛利润
150日元

营业额减少到原先的二分之一，毛利润不到原先的四分之一

当然，促销过程中确实有可能吸引新顾客。但必须说明的一点是，因半价促销活动光临的顾客很少会变成回头客。有一些顾客就是"为半价而来"的。

制作夹页小广告，少则需要几千张，多则需要五万张左右。个体经营的餐饮店，从成本来说，制作一万张左右的小广告算很多了。如果是普通的印刷公司，设计费、印刷费、投放费大概需要 10 万日元。如果是贵一点的公司，要花 12 万 ~ 15 万日元。

因此，**降低成本的诀窍在于，不要将小广告的制作一次性委托给一家公司，而应该将制作流程分别外包给不同的公司。**

设计交给收费低廉的设计师，印刷交给互联网上收费低廉且值得信赖的公司。最后，将小广告送到卖报纸的地方，直接向对方支付投放费。

像这样分开操作，只需要花费大约 8 万日元。此外，自己进行设计的话，还能省下一大笔钱。

Q 093 | 广告宣传·促销活动⑦

有没有通过夹页小广告营销成功的实例？

虽然夹页小广告的性价比不是很高，但在这里，我还是要向大家介绍一个我服务的客户营销成功的案例。这家餐厅在Q030（第82页）中也出现过，即那家位于富山县黑部市的西餐厅"热那亚"。我们按照顺序看一下小广告的目标顾客、希望达到的效果（目的）等。

●目标顾客
居住在餐厅附近的约 12000 户居民

●目的（希望达到什么样的效果？）
• 正面菜单

举办冬季牛蒡日促销活动，可以吃到上次促销活动中大受欢迎的、一日限定十份的沙朗牛排及其他限定菜肴。目的在于吸引新顾客、召回老顾客。

• 背面菜单

可以吃到西式的年节料理①、圣诞节和新年限定凉菜。

目标为响应率 0.6%，包括年节料理和凉菜在内的销售额要达到 83.4 万日元，毛利润约 45 万日元。

※数值依据

• 正面菜单

1.2 万户×0.6%（反响率）= 72 组

72 组×1.8（每组平均人数）= 129 名

129 名×客单价 1000 日元 = 12.9 万日元

毛利润为 12.9 万日元×68%（毛利率）= 8.772 万日元

• 背面菜单

准备四十五份年节料理，目标为售罄。

凉菜的销售目标为三十份。

年节料理的平均单价 1.3 万日元×45 个 = 58.5 万日元

毛利润为 58.5 万日元×50%（毛利率）= 29.25 万日元

---

① 日本逢年过节必吃的菜肴，多数盛在多层的漆饭盒中。

凉菜的平均单价 4000 日元×30 个 = 12 万日元

毛利润为 12 万日元×60%（毛利率）= 7. 2 万日元

正面菜单的毛利润为 8. 772 万日元，背面年节料理的毛利润为 29. 25 万日元，凉菜的毛利润为 7. 2 万日元，合计毛利润目标为 45. 222 万日元。

●促销活动内容

- 正面

"冬季牛蒡日促销活动"

推出一日限定十份的、日本国产牛肉制作的沙朗牛排（1580 日元），作为主推菜肴。

促销时间为十一天，其间发放特别优惠券，免费赠送自制布丁或饮料。

- 背面

在较早的时间段预定西式年节料理，可免费赠送一瓶红酒或自制披萨。

此外，可预订圣诞节限定凉菜、新年限定凉菜。

●小广告的设计

具体可参考第 286 页图片。

■ 夹页小广告的实例

●小广告正面

●小广告背面

　　热那亚的目标顾客范围很广，所以在小广告上加入了对男性和女性都具备吸引力的产品。此外，为了提高反响率，还准备了特别优惠、提前预定年节料理的优惠。

●小广告的效果

・正面

实际操作中，小广告的分发张数达到了 12470 张。

优惠券回收张数 123 张（反响率 0.99%）

持优惠券光顾的顾客 248 名，营业额 27.065 万日元

毛利润为 27.065 万日元×65% = 17.5922 万日元

・背面

西式年节料理营业额 61.425 万日元（售出了许多高于平均单价 1.575 万日元的产品）

　　凉菜营业额 30.15 万日元

　　毛利润为 91.575 万日元×55%（平均毛利率）= 50.3662 万日元

　　将小广告制作费（摄影、设计、印刷、投放）、年节料理配送费、优惠券折扣相加，促销经费总计为 18.5 万日元。所以，最终收益为整体毛利润减去促销费用，即 17.5922 万日元 +

50.3662 万日元−18.5 万日元＝49.4584 万日元。

　　如上所示，顾客对正面促销活动的反响率很高，餐厅如愿以偿地吸引了许多顾客。与此同时，背面的年节料理也如预期目标一样售罄，凉菜的销售数量则大大超出预期。

　　夹页小广告达到了促销效果，热那亚促销期的营业额是去年同时间段的117%，可以说十分成功。

Q 094 广告宣传・促销活动⑧ 怎样登广告才能使资讯杂志上的广告产生效果？

在杂志上刊登广告的费用与效果取决于杂志本身与版面大小。大家可以使用 Q088~Q090 中讲解的计算推广效果的方法，计算广告的性价比。在这里，我为大家介绍几种投放广告的有效方法。

①从小版面广告开始尝试

先从小版面广告开始尝试。便宜的资讯杂志的信息栏，只需要花三至五万日元就能刊登一则广告。如果出现了效果，再渐渐尝试大版面广告。

此外，专门的资讯杂志经常制作忘年会、新年会、欢迎会、送别会特辑，还会按照其业态类别推出特别企划，例如拉面、烤肉、咖啡馆特别企划等等。我推荐大家参与到适合自家店铺的特别企划中。尤其是登载在别的册子上的特别企划，是最有效果的。可以向资讯杂志的销售人员咨询相关问题。

②添加便于计算性价比的内容

为了便于计算杂志广告为营业额做出的贡献，我们应该在广告中附设优惠券，以此计算回收率和营业额。

关于优惠券的内容，直接注明折扣确实很有效果，但同样伴随降低毛利润的风险。赠送一道菜、甜点、一杯饮料，或者延长自助酒水时间的优惠券，因为可以以成本价提供给顾客，所以较容易确保毛利润。如果想取得较大反响率，可以使用现金折扣的形式。

③即使有效果，也不要仅依赖资讯杂志这一条途径

假设经过测试，资讯杂志的效果远超预期。此时可以在杂志上定期投放广告，但最好不要把全部预算花费在"资讯杂志这一条路"上。我们可以一边在杂志上投放广告，一边测试其他未尝试过的广告·促销手段，千万不要仅依赖一种媒体或一种推广手段。

我经常听到这样的咨询问题，"每月在一部分资讯杂志和美食网站上投入数十万日元，却不知道有没有效果"。可怕的地方在于，如果你过度依赖一种媒体、一种手段，到最后可能无法停止使用它们。此外，由于广告内容"长期针对同样的潜在顾客群体"，渐渐地效果会变得不那么明显，也就起不到推广的作用了。

新的广告、促销手段，有可能接触到全新的潜在顾客群体，从而提高反响率。

Q 095

广告宣传·促销活动⑨

怎样设置店门口的招牌？

　　餐饮店的顾客里，有许多新顾客是因为"刚好路过"或"被招牌吸引"才进到餐厅里的。只要不是客流量非常少的地段，通过这种方式吸引的新顾客一定会比被杂志广告吸引到的多。

　　此外，店门口的招牌是性价比极高的促销手段。如果建筑物的招牌与外观十分引人注目，那么通过店门口的人流、车流越多，吸引到的新顾客就越多。也就是说，这是一种长期有效的推广方式。制作完招牌后，只要招牌没坏，这种效果就是可以长期维持的。

　　那么，具体来说，我们应该制作怎样的招牌呢？

　　第 292 页的示意图表现了新顾客入店前的一系列心理变化。首先，第一个阶段是"认知"，即"啊，这里有一家餐厅"这种发现新店铺的阶段。下一个阶段是"感兴趣"，"汉堡肉啊，看起来很好吃呢"。最后一个阶段是"思考"阶段，即"汉堡肉套餐 750 日元吗？那就进去吧"这样一种心理。顾客经过这三个心理阶段，才会最终走进餐厅。

在这个过程中，最重要的就是针对各个阶段制定不同的对策。

■ 新顾客入店前心理状态的三个阶段

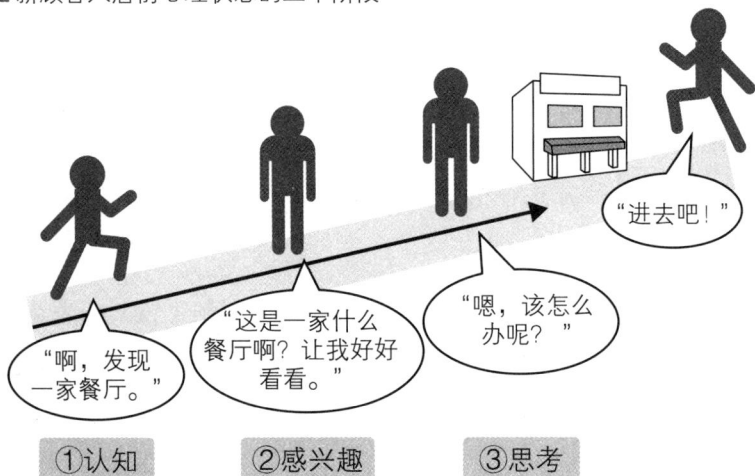

"进去吧！"

"嗯，该怎么办呢？"

"这是一家什么餐厅啊？让我好好看看。"

"啊，发现一家餐厅。"

①认知　　②感兴趣　　③思考

①认知阶段

需要让顾客在离店很远的地方就能了解餐厅的业态。最有效的方式，就是使用巨型字体写上"西餐""拉面"等表明店铺业态的词语，让远处的行人能轻而易举地看到。

②感兴趣阶段

当顾客离店距离适中时，引起对方的兴趣。使用产品的照片、写上产品名称都是十分有效的方法。

③思考阶段

这一阶段时，顾客已处于离店很近的位置。此时需要促使对方做出决定。使顾客了解产品价格和餐厅氛围是最有效的方式。

此外，各阶段招牌的可视距离也是很重要的。

①认知阶段

在马路边时的可视距离：100~150 米

在车站附近、繁华的商店街时的可视距离：30~50 米

②感兴趣阶段

在马路边时的可视距离：50~100 米

在车站附近、繁华的商店街时的可视距离：7~10 米

③思考阶段

在马路边时的可视距离：20 米~到店铺玄关附近、停车场

在车站附近、繁华的商店街时的可视距离：店铺玄关附近

我在 Q049（第 141 页）中也讲过，店门口的装修虽然花费时间，但是性价比极高的促销手段。因此，如果能切实预测到后期带来的收益，哪怕制作一块招牌需要花费数十万至一百万日元，也是值得一试的。

　　我服务的客户在制定了战略（设定目标顾客、制作出足以打败竞争对手的经营概念）、制作好菜单、进入到可以进行广告·促销的状态之后，在较早阶段就开始使用招牌等手段对店门口进行包装。通过运用我介绍的手法、设置引人注目的招牌，是可以为餐厅带来巨大营业额的。

　　此时最重要的一点，在于招牌的冲击力。可以通过采用简洁易懂的设计、尽可能放大字体或照片的尺寸等方式，制作出引人注目的招牌，让行人不自觉地把目光聚焦在上面。

Q 096

广告宣传·促销活动⑩

有必要推出积分卡吗?

这一点取决于餐厅业态。如果是主要销售午餐的业态,那么积分卡能够变成面向熟客的、有效的促销手段。下面我将介绍制作积分卡时,必须想好的内容。

①设定目标与目标顾客

希望大家在进行广告·促销活动时,一定要注意目标和目标顾客的设定。如果不事先明确一下是为了什么而举行促销活动,到最后,很可能变成一场无意义的促销。

积分卡的目的,一般来说是"提高顾客的光顾频率"。那么,目标顾客又是谁呢?

如果是家庭主妇,那么对方在意的点就是家庭财政支出,此时应采用能够正确体现积分卡的优势的卡片。如果是上班族,对方本身光顾频率就很高,此时应该设计那种让人在不经意间就想光顾这家餐厅的积分卡。

②定好积分的条件和对应的优惠措施

假设你的目标是吸引周末的家庭型顾客,那么可以考虑将积分条件定为每消费 500 日元积 1 分，积满 20 分减 500 日元。如果是客单价 1000 日元的餐厅，一家四口光顾三次，可以积满 20 分。此外，如果想提高工作日上班族的光顾频率，可以将条件设定为工作日每来一次积 1 分，积满 10 分免费赠送一次工作日午餐。

③设定实际的折扣率

如果是刚才提到的"消费 500 日元积 1 分，积满 20 分减 500 日元"，那么消费 1 万日元后可减免的金额为 500 日元，从金额上来看，折扣率为 5%。但是，有时会出现顾客消费了 950 日元却只能积 1 分的情况，所以实际的折扣率是低于 5% 的。但如果是客单价较高的餐厅，顾客的消费金额轻而易举就能达到一万日元的话，那么实际的折扣率是接近 5% 的。

同样的，我们再思考一下"工作日每来一次积 1 分，积满 10 分赠送一次工作日午餐"的情况。如果餐厅的平均客单价为 800 日元，顾客光顾十次，产生的营业额为 8000 日元。免费赠送一次工作日午餐（800 日元）的话，折扣率就是 10%。这对上班族而言，是十分具有吸引力的。但同时，10% 的折扣率会给餐厅造成一定的负担，因此必须限定在工作日使用，限定特定人群使用。

Q 097

降低成本①

是否存在降低成本率的有效方法？

有各种各样的方法可以降低成本率。其中，存在一种行之有效的、不提高营业额也能降低成本率的方法。这种方法，就是改变餐厅的菜单。下面，将为大家介绍我本人无比推崇的、制作菜单的战略性方法，这种方法将有效帮你降低成本。

①给所有产品打分

如第 298 页图的菜品分析表所示，根据四个标准给产品打分。分数档次分为三档，分别是 0 分、2 分、4 分。评分标准如下：

标准 1　成本率

成本率超过 35%的得 0 分，25%~35%的得 2 分，低于 25%的得 4 分。如果一家餐厅，多数菜品的成本率在 25%以下，那么不妨将标准定为低于 20%的得 4 分。

标准 2　产品质量

这一点基于你本身的主观判断（菜肴好不好吃）和顾客的

评价。足以与其他餐厅区别开来的产品，可得 4 分。普通产品 2
分，对味道缺乏自信，或根本只是冷冻食品的产品打 0 分。

■ 菜肴分析表实例

菜名	价格	成本	成本率	人工率	产品质量	受欢迎程度	上菜速度	合计	对成本的重视度
上等牛小排	1501	660	44.0%	0	4	4	4	12	12
上等里脊肉	1501	660	44.0%	0	4	4	4	12	12
盐渍牛舌	1048	552	52.7%	0	4	4	4	12	12
牛舌与牛面颊肉	648	552	85.2%	0	4	0	4	8	8
牛的横膈肌	893	387	43.3%	0	4	4	4	12	12
牛横膈膜	874	427	48.9%	0	4	4	4	12	12
牛小排	997	360	36.1%	0	4	4	4	12	12
牛杂	579	160	27.6%	2	4	2	4	12	14
牛肝	703	280	39.8%	0	2	0	2	4	4
牛心	551	42	7.6%	4	2	0	2	8	12
牛百叶	551	68	12.3%	4	2	0	4	10	14
牛瘤胃	579	168	29.0%	2	4	2	4	12	14
牛大肠	741	210	28.3%	2	4	4	4	14	16
猪五花肉	551	117	21.2%	2	4	4	4	14	16
猪杂	551	120	21.8%	2	4	2	4	12	14
猪软骨	551	150	27.2%	2	2	0	4	8	10
猪颊肉	551	97	17.6%	4	2	0	0	6	10
鸡皮	456	138	30.3%	2	4	2	0	8	10
鸡腿	456	60	13.2%	4	4	2	4	14	18
什锦香肠	380	84	22.1%	2	4	2	4	12	14
白香肠	456	120	26.3%	2	4	2	4	12	14
培根	456	120	26.3%	2	4	0	4	10	12

对成本重视度较高的菜品

标准3　受欢迎程度

受欢迎的菜肴大多是顾客容易入口的菜肴，此外，也是满足了顾客需求的菜肴。大家可以结合实际情况，在比较中进行判断。

标准4　上菜速度

即用分数量化顾客点菜之后到菜肴端上餐桌所花费的时间。上菜速度快的4分，又慢又需要耗费精力的打0分。

这个菜品分析表中，得分高的菜品味道好、受欢迎程度高、上菜速度快，并且成本较低。简而言之，对顾客，对餐厅都非常有利"。此外，在表的最右边设置成本重视度这一打分栏，能够更加有效地降低成本。成本重视度这一栏的得分应为前四项的总分加上成本率得分。

②改良菜品

菜品分析表中得分较高的菜品，是"对餐厅来说，最值得推出的菜品"。因为这样的菜品出现的频率越高，越能提高顾客满意度，降低成本，提高餐位周转率。但有时免不了出现现有的菜单中不存在得分较高的菜品这样的情况。

因此，就需要在下一个步骤中，找出菜品分析表中有潜力取得高分的菜品。比如，一道菜的产品质量很高，但成本率也高，这种情况下可以通过更换供应商，或者减少分量的方式提高分数。分量多的菜品，可以将分量减半，价格降低三成。另外，上菜速度慢的菜品，可以提前做好食材的处理工作，提高上菜速度。

菜单在某种程度上可以控制顾客点菜，可以减少浪费。比如，某道菜质量很高但不怎么受欢迎，这种情况下可以通过调整菜单，增加点单率。

此外，另一个很重要的方法是"根据菜品分析表开发出能够取得高分的新菜品"。我们可以通过开发新菜品，进一步降低成本。

③制作战略性的菜单

我们要制作一种菜单，引导顾客点基于菜品分析表改良后得分最高的菜品。具体来说，需要注意以下几点。

* 放上高分菜品的照片

菜单上刊登照片的目的，在于使该菜品从众菜肴中脱颖而出，增加点单率。与此同时，照片能够向顾客明确传达菜品的相关信息，能够使顾客更加放心地点餐厅的主推菜肴。

● 通过页面布局使高分菜品更加显眼

有一些餐厅客单价较高，或者基于品牌的原因无法使用菜品照片，此时，可以增加高分菜品在菜单上展示的面积，使其变得更加显眼。

● 制作独立的菜牌

独立的菜牌是与主菜单分开制作的菜单，它的使用比较灵活，可以随意放在桌上。比起主菜单，人们往往先注意到独立菜牌。独立菜牌上菜品数量较少，却能占据较大纸面，因此能够提高点单率。

按照以上顺序制作菜单，能切实地降低成本率。

在实际操作中，有些餐饮店通过制作战略性的菜单，极大地改变了顾客的点单倾向，降低了10%的成本率。与此同时，这种方法还可能提高顾客满意度、提高餐位周转率，请大家务必尝试一下。

Q
098

降低成本②

是否存在减少人工费的有效方法？

　　减少人工费最有效的方法在于，对业绩进行日次管理。所谓日次管理，指的是将每天的业绩数值化，并加以管理。为了更好地进行管理，我推荐大家使用"业绩管理日报表"。

　　下面我要为大家介绍的，就是"业绩管理日报表"的实例。只要掌握了要点，管理工作其实非常简单，制作一份简单的Excel 表格就足够了。

　　通过这份日报表，我们可以了解每天的营业额和 FL 成本 [Food Cost 和 Labour Cost（人工费）的简称]。这份日报表又被称为日次决算，将每日的利润额都纳入管理中。在这里，我们先从 FL 成本的管理入手。单纯管理 FL 成本就能产生巨大的效果。管理 FL 成本不仅可以降低人工费，还可以降低成本率。

　　具体操作时，我们只需要每天在一张表格上记录当天的营业额、顾客数、劳动时间、采购量。表格会自动在合计页中算出合计结果。如此一来，我们便可以看到平均月销售额、累计的人工费率、成本率（采购率）、工时营业额等数据。

■ 业绩管理日报表范本

营业日报		5月4日		星期五		晴天		炭火烤肉 大繁盛

本日目标	当月目标累计	本日预约			记入者
100,000	400,000	町内会宴席 18位 附近的建筑公司 25位			日报太郎

本日营业额	当月累计营业额	信计	折扣金额	收入金额	客单价	目标/实际差异
315,477	784,034			315,477	3,321	384,034

折扣内容	件数	金额		发票编号	金额	
总价折扣						
预约折扣						
合计						

顾客人数	总工作小时					人事管理表					
95	47		姓名	时薪	工作时间		合计	通常	深夜	日薪	
		1	日报太郎		11.00	~	23.00	12.00			记录工作时间，详细把握人工费
营业额合计		2	日报次郎		11.00	~	25.00	14.00			
FOOD	251097	3	日报良子		18.00	~	22.00	4.00			
		4				~					
DRINK	64380	5				~					
		6	山田良子	¥950	19.00	~	24.25	5.25	2,850	2,138	4,988
本日成本率	本日人工费率	7	佐藤太郎	¥1000		~					
24.90%	16.00%	8	佐佐木正	¥800	16.00	~	24.25	8.25	4,800	1,800	6,600
总成本率	总人工费率	9	铃木花子	¥780	18.00	~	21.75	3.75	2,925		2,925
33.10%	26.50%	10	吉田正子	¥800		~					
问卷回收张数		11				~					
		12				~					
		13				~					
DM广告分发张数		14				~					
		15				~					
		16				~					
		17				~					
DM广告回收张数		18				~					
		19				~					
		20				~					记录每天的采购情况，把握成本率
		21				~					
组数		22				~					
		23				~					
					Total					¥50382	

原材料费				消耗品及其他		
供应商（food）	金额	供应商（drink）	金额	供应商		金额
肉类商会	21520					
蔬菜商会	2308					
鲜鱼批发商						
味沙司						
西日本食品	6790					
		繁盛酒店	36822	现金支出	food	10353
		饮料			food	683
					drink	
					杂费	
					杂费	记录每天每个项目的要点，了解可以改善的地方，进行品质管理
FOOD 合计	41654	DRINK 合计	36822	其他合计		

1.关于营业额	达到营业额目标。宴席预约顾客与单独光顾的顾客总计43位
2.关于接待顾客	服务流程大体顺畅，但在营业前，对火锅的准备不够充分，下次需注意
3.关于员工	山田小姐忙起来的时候，容易手忙脚乱，下次需注意
4.关于厨房、食材	猪五花肉存货不足，这一错误事先本应预估到
5.顾客类型比较	顾客年龄多数超过四十岁，多为当地居民或者同一间公司上班的同事。晚一点的时候，也能看见许多情侣

所谓工时营业额，指的是一名工作人员在一个小时内创造的营业额。其中包含处理食品原材料的时间。这一指标可以明确告诉我们一名工作人员一小时内创造的价值。餐饮店普遍的工时营业额为 4000 日元。

工时营业额越高，说明效率越高，员工的工作越能为营业额做出贡献。工时营业额越低，说明"员工比较闲"。如果营业额比预想中低，工时营业额也较低的情况下，店长可以拜托兼职人员早退，削减 30 分钟左右的人工费。另外，预测的营业额本身就很低的情况下，可以将员工的排班从"和平时一样较清闲的排班"切换到"最小限度人员排班"。可以这样做各种调整。

每天进行反复的调整、改善，最终会带来巨大的变化。

个人经营的餐饮店，每年需要申报一次税金。只在这一时期进行数值分析的餐饮店，一年只有一次改良店铺经营的机会。然而，每月都计算店铺损益，进行数值分析的餐饮店，每年可以有十二次改良店铺经营的机会。后者整整是前者的十二倍。而每天制作上述日报表，进行数值分析的餐饮店，夸张一点说，相当于拥有了 365 次改善经营的机会。这个差距是非常大的。**改善经营的机会越多，为店铺带来的实际好**

处就越多。

事实上，我服务的客户中，就有许多餐饮店因为使用了日次管理日报表，减少了 10% 的 FL 成本。

Q 099

是否存在可以控制人工费的排班方法？

许多餐饮店是基于"因为有这么多工作量，所以需要这么多人手"的想法来制定排班表的。这种方法无法按照计划控制人工费。我们应该将思维模式转变为"为了将人工费控制到这个程度，思考如何利用这么多人手维持运营"。

控制餐饮店人工费的最有效方法，就在于减少作为变动因素的兼职人员的工资。但是，这里并不是要大家减少兼职人员的时薪，而是通过减少劳动时间来控制人工费。在这里我将向大家介绍相应的排班方法。兼职人员的排班方法很多，但我介绍的这种最为简单有效。大家可以与前文介绍的管理日报表结合起来使用。

①预估每天的营业额

首先，参考去年同一天的营业额，或者（刚开业的人）参考最近一到两个月的营业额，预估每天的营业额。这个数据将作为所有计算的依据。请大家计算出"有证可查的数据，而非经营者一厢情愿的目标"。目标可以在管理时发挥作用,这里要求大家计算的是切实的数据。下面我将举一个简单易懂的例子。

● 营业额预估

每日 10 万日元×30 天＝月营业额 300 万日元

②制定目标人工费率

下一步就是设定作为目标的人工费率。Q051 (第 161 页)中也说过,餐饮店经营的一个标准,就在于原材料费和人工费不超过营业额的 65%。作为参考,我们可以将人工费率设定为 30%,其中包含店长的人工费。

● 目标人工费率 (30%)

营业额 300 万日元×人工费率 30%＝90 万日元

正式员工人工费 (包含社会保险等) 为 30 万日元 (人工费率 10%)

兼职人员人工费为 60 万日元 (人工费率 20%)

如上所示,当营业额为 300 万日元时,可使用的人工费为 90 万日元。正式员工的人工费为 30 万日元,人工费率 10%。如此一来,留给兼职人员的人工费率只有 20%。

③算出可使用的劳动时间

接下来，就是根据每天预估的营业额计算出"今日可使用的兼职人员劳动时间"。

●预估兼职人员的劳动时间

营业额预计为每日 10 万日元

兼职人员人工费率 20%

10 万日元×20%＝2 万日元（本日可使用的兼职人员人工费）

2 万日元÷900 日元（兼职人员的平均时薪）＝22.2 小时

＊可以考虑 3 人×5 小时＝15 小时，1 人×4 小时＝4 小时，1 人×3 小时＝3 小时→合计 22 小时的排班方式。

④以日为单位进行管理，平衡每周、每月的人工费支出

按照第三步，我们算出本日可使用的兼职人员劳动时间为 22.2 小时。实际操作中，工作日和周末的营业额预测会有一定差距，可使用的劳动时间也会有一定差距。我们要在做好日次管理的同时，平衡每周的人工费支出，最终目的是使月度收支能够保持平衡。比如，因为发生意外而无法达成目标营业额时，可以通过使员工早退等方式，减少人工费的支出。

此外，按照预估的劳动时间安排人手，一旦碰到高峰期便

很有可能忙不过来，容易产生问题。此时，可以进行一些细微的调整，例如将处理·加工原材料的工作更多地交给正式员工，变更操作流程、简化或去除流程繁琐的菜品等等。然后继续制定每日的计划、确认实际效果、进行改良、分析其结果。日积月累、毫不松懈地改良一定可以有效地控制人工费。

Q 100

对个体经营的经营者来说，关于税金，有必须事先掌握的要点吗？

个体经营需缴纳的税金，大体分为所得税、事业税、居民税和消费税。其中，餐饮店所需要注意的是消费税。有的餐饮店为了支付消费税，甚至不惜借入外债。如果不事先做好准备，消费税有可能变成极大的负担。

消费税的计算方法如下。因为税制会慢慢发生变化，所以重要的是能够计算出大致金额。

首先，作为前提，大家需要了解以下几点。

● 个体经营第一年不需要缴纳消费税，当第一年1月~6月的营业额不超过1000万日元时，第二年也不需要缴纳消费税。

● 两年前的营业额不超过1000万日元时，不需要缴纳消费税。

● 两年前的营业额不超过5000万日元，并且在该年度的纳税期开始前提交了《消费税简易课税制度选择申请书》的，可以选择"简易课税制度"。

※取自平成26年（2014年）税法

简而言之,营业额低于 1000 万日元的餐饮店不需要缴纳消费税。营业额在 1000 万~5000 万日元范围内的餐饮店,可选择少缴税的"简易课税制度"。

个体经营的餐饮店,营业额大多处于 1000 万~5000 万日元的范围内。营业额超过 3000 万日元后,越来越多的经营者倾向于委托会计师事务所进行税务申报。在这里,我向大家介绍"简易课税制度"下,税金的估算方法。

● 应缴消费税-应缴消费税×采购率=消费税金额

比如,月营业额 250 万日元,年营业额 3000 万日元的情况下,3000 万日元乘以 8%(消费税率),就是 240 万日元。然后,在此基础上乘以餐饮业的采购率。餐饮业采购率为 60%,所以 240 万日元的消费税中可以减去 240 万日元×60% = 144 万日元,最终应缴纳的消费税为 96 万日元。

事实上,月营业额为 250 日元的餐饮店想要在税务申报截止期的短时间内准备好 96 万日元现金,是一件非常困难的事。因此,需要每月储存一部分资金。消费税率越高,需要缴纳的消费税就越多,储蓄就会变得越来越重要。

Q 101 委托会计师事务所申报，需要花多少钱？

如果选择的是会计师事务所普通的服务套餐，那么在年终决算时大概要花 15 万~25 万日元。如果希望对方以月为单位进行管理，那么需要支付每月 1 万~3 万日元的顾问合同费。店铺数量越多、规模越大，需要支付的顾问费越多。

也就是说，委托一间普通的会计师事务所处理事务，每年大约要花费 30 万~40 万日元。这个费用是高是低，取决于每位经营者的实际情况。如果，你不想委托会计师事务所，还可以考虑以下几种方法。

①税务所的免费咨询服务

地方的税理士会无偿提供咨询服务。但是，期间与时间段是固定的，所以最好调查后再去。

②咨询税务署、商工会、工商总会的工作人员

税务署的工作人员是随时可以咨询的。成为商工会或工商总会的会员之后，协会将以便宜的价格帮你聘请会计师事务所，处理决算事务。

③独立完成会计事务的申报工作

个体经营在会计、申报方面比法人经营简单，所以也有一些朋友通过书本、互联网查找相关信息，独立完成申报工作。这种方法虽然能够将成本压至最低，但我不推荐大家这么做。为什么呢？因为税法经常发生变化，需要最新的专业知识。如果缺乏相关知识，很可能吃亏。所以哪怕需要花钱，也应该委托专业人士处理，这样更能节省时间和金钱。

独自申报的个体经营者中，有人意识不到申报时犯下的巨大错误，不得不支付追缴税金。有人因认识不足没有缴纳消费税，被税务署指出问题时又没有现金，被迫借钱填补窟窿。

我认为，经营者有必要在"财务"上花费时间，但没有太多必要增加"税务"知识。只要懂得基本的"税务"常识，之后的工作交给专业人士就行了。在这方面节省下来的时间，应该花在经营战略、产品开发、人才培养上。

人事·教育①

怎样培养员工能力，提升员工士气？

　　餐饮店，是由人类劳动创造价值的行业。员工的工作状态是否能贡献价值将在很大程度上影响事业的成败。举个例子，假设店主兼主厨做出的菜肴非常美味，但员工不仅不懂基本礼仪，还时不时搞错订单，那么这家店的风评也会随之变差。

　　餐饮店的培训有两方面。

①提高能力

　　关于如何培养员工能力这一点，请大家参考 Q074（第 226 页）、Q085（第 257 页）。重要的是，明确经营目标，并将其分享给员工，使员工在反复的训练、实践中不断进步。

②提升士气

　　比起培养能力，提升士气这方面更需要花费时间和耐心。而且，不论员工的能力有多强，如果没有士气，也无法将其发挥出来。最根本最重要的一点，是创造出能使员工"士气不断高涨的职场环境"。要做到这一点，首先要培养出"安心与信赖的土壤"。所谓"安心",指的是"自己被这家餐饮店接纳的安全感"。所谓"信赖",指的是"上司与同事都值得信赖"的这种心情。具体来说,我建议大家使用以下几种方法。

● 早会

早会不但可以用来汇报、讨论日常业务,分享信息,还可以增强员工凝聚力。早会时,可以让员工给大家说说最近发生的好事、开心的事、最近在处理的工作等等,发表一些内容积极向上的演讲。通过分享各自的故事,打造积极的团队凝聚力。

● 定期会议

定期会议上可以说一些早会时无法说的话,做更深层次的交流沟通。讨论每天的问题点,思考解决措施当然是必要的,作为领导,还应该注意言行举止,尽可能为大家打造积极向上的职场氛围。时常在员工面前重复餐饮店最为重视的价值观和目标,也是很重要的。

● 生日会、生日礼物

这个方法虽然不新鲜,但若老老实实地执行,一定能收获肉眼看不见的,却又切实存在的效果。如果其他员工也能向寿星表达感谢之情,结果将事半功倍。

●联谊会

联谊会上，大家可以一边吃吃喝喝，一边说说心里话。喝酒之后，人比较容易说出心里话。有的餐饮店正是通过联谊会，建立起了上司与员工、员工与员工之间的深厚情谊。

●学习会

学习会应该促使员工思考餐饮店的价值观和其自身目标。可以花钱请讲师、准备教材，但我觉得，每次仅是大家一起阅读具有职场价值观导向的书籍，也是可以的。

最重要的，是给予员工思考自身理想与目标的时间，并使其思考如何将自身目标与餐饮店的价值观、目标结合起来。人是为了自己生活的。在思考如何让自己过上更好的生活时，往往最能产生士气。

实际操作中，以上方法都是需要花费时间、金钱的。而且，做完之后也无法立刻看见效果，所以容易让人产生"做与不做都没有差别"的想法。

但是，一旦切实地做了之后，产生的意义可就不仅是形式上的了，整个餐饮店的氛围都会随之一变。其效果不仅体现在营业额、利润等经济方面，还会体现在领导与员工充实的精神面貌上。

Q 103

怎样规定正式员工、兼职人员的薪资待遇?

　　无论是正式员工工资还是兼职人员工资,与周围餐饮店的薪资水平同一个标准,总是没有错的。但是,我们也可以导入以能力、成果为评判标准的薪资体系,展现出和其他餐饮店的不同之处。接下来,我们就看一看兼职人员、正式员工各自的薪资判定方法。

①兼职人员

　　兼职人员的基本工资可以参考周围餐饮店的时薪。个体经营的餐饮店给出的时薪,多数比不上连锁餐饮店,但最好不要低于个体餐饮店的平均水准。在如今这样一个用工难的时代,时薪低这一个原因,足以使餐饮店招不到人手。

　　我和我的客户所经营的餐饮店,都使用了以能力判定兼职人员薪资水平的方法。我们制作了一张员工学习技能清单,员工每学会一项技能,时薪就会增加十日元。能力越高,时薪越高,在这种机制下,努力的员工,时薪会变得越来越高。

　　此外,有一些餐饮店在做成几笔大生意时会以"红包"的形式发放临时奖金。餐厅业务繁忙时，员工的身心也处于疲劳状态，往往有人承受不了压力就此离职。努力工作后将成果与大家一起分享是提升士气的良好手段。

②正式员工

正式员工的薪资也有必要参考周围餐饮店的金额，但不需要像兼职人员那么严格。重要的是，根据劳动时间、每月休假天数、工作时间段、轮班情况、餐厅的忙碌情况来判断薪资。此外，经营者如何看待员工，也将在很大程度上影响薪资水平。如果像过去那种学徒制一样，员工作为徒弟向身为师傅的店主兼主厨学艺，那么薪水也许不会太高。另外，一家餐饮店中，如果店主长期不在店内，正式员工的责任就会变大，此时需要相应地增加薪水。

正式员工的工资也应该伴随着能力的提高而提高。319 页图表按照等级列出了兼职人员与正式员工需要掌握的技能。我们可以采用等级越高薪资越高的评判体系，来决定员工的工资。

此外，近年来，越来越多的餐饮店根据每月的营业额决定员工的报酬，即采用所谓的每月报酬制。假设一家餐饮店当月营业额为 300 万日元，员工基本工资为 15 万日元，那么在基础工资上还要加上营业额的 5%，此时，员工工资为基本工资 15 万日元加营业额的 5%，共计 30 万日元。

年 月 日

■ 业务一览表

	等级一	等级二	等级三	等级四	等级五	等级六
	固定形式的辅助	判断	责任	指导	管理·计划业务	统领部门
等级印象	1.按照上级指令正确完成工作;2.能够做到汇报、联络、商量	1.基于独立判断完成工作;2.能够更加高效地完成更为复杂的工作	1.能够在一些需要承担责任的工作上做出决断;2.能够完成更高难度的工作,并下达指令	1.可以处理所有大堂工作;2.可以正确有序地处理工作;3.可以指导新人、后辈	1.了解各家店所在、问题所在,并能思考相应对策;2.积极地对店铺进行再次走访,并做出决断	能够从经营的角度把握店铺整体情况,指挥下属,运营店铺
能力分数	0~15	12~25	22~45	42~54	50~60	56~
职位级别	临时工、兼职	临时工、兼职	正式员工	店长	经理	董事
时薪级别	大堂	大堂/帮厨	大堂/烹饪	大堂/烹饪/管理	统领/管理店铺	参与制定经营计划
打招呼、清洁	1.能够礼貌地向全体员工打招呼;2.掌握接待顾客八大用语;3.能够按照指示完成清洁工作	1.能够按照每日值班表认真负责地完成清洁任务;2.清洁整理冰箱;3.在繁忙时间段能正确指挥后辈检查洗手间;4.能主动清洁桌子、菜单、座位,补充面巾纸	1.能够使后厨架子、桌子长期保持清洁;2.了解冰箱内所有物品的分布情况,能把物品保存在正确的地方;3.能够将物品摆放得井井有条,一目了然	在打招呼、清洁、礼仪等方面打保持一定水准,并不断进步	能够以身作则,将打招呼、清洁的重要性传达给员工	能够以身作则,让员工充分理解打招呼、清洁的重要性

	等级一	等级二	等级三	等级四	等级五	等级六
接待接待顾客	1. 接待顾客对面带微笑;2. 迅速应对顾客需求,使顾客如沐春风	1. 能够在接到顾客投诉的初期阶段,进行正确处理;2. 顾客用踏入彻店内的声音喊道"欢迎光临";3. 能够向顾客推荐菜品,介绍产品;4. 善于察言观色,能在顾客提出需求前提供服务;5. 结账后,能向顾客表达感激之情	1. 能够处理程度较轻的投诉;2. 既能在厨房工作,也能应对大堂事务	1. 能够处理程度较高的投诉;2. 即使身处厨房,也能把握顾客一举一动,注意到对方的需求	1. 为所有的投诉处理承担责任;2. 能够提出更好的服务方案,并加以实施	根据客户类型、餐厅繁忙程度等制定服务方针
教育		能够在工作内容方面指导临时工、兼职人员	不但能指导临时工、兼职人员工作内容,还能向对方讲解工作目的、工作背景	1. 能够在工作内容、工作背景等方面指导正式员工;2. 能够一边讲解目的与背景,一边指导烹饪步骤	了解人事构成,正确地培养下属	1. 制定完整的人事构架,涵盖下达指令、人事评价、招聘等各方面,正常运作;2. 能够提升店长的士气

有些餐饮店不单单参考营业额，也会根据 FL 成本和利润率的好坏来决定薪资。大家可以根据自家餐饮店的价值观，制定相应的薪资制度。

开业后的生活①

开业后，经营者的生活是什么样的？

　　许多朋友大概很好奇，餐饮店的经营者实际上的生活是什么样子的。我实地采访了几位餐饮店经营者，询问了对方八个问题，并了解了对方工作时，大致的时间分配情况。

> M 先生（44 岁）
>
> 行业：经营餐饮店（一家店铺）
>
> 创业：五年
>
> 经营形态：个体经营
>
> 正式员工人数：一人

问题一：成为经营者之后，人生有没有发生变化？
自己的想法能够变成现实。

问题二：觉得开心，或者觉得有意义的时候，通常是什么时候？

顾客跟我说好吃的时候、营业额上涨的时候。

问题三：什么时候会觉得辛苦？

有人辞职的时候、资金运转出现困难的时候。

问题四：有没有想过放弃？

没有。

问题五：刚开始创业时有多少存款？

五百万日元。

问题六：实际经营中，赚到钱了吗？

还没到那个程度，现在好不容易可以一边还贷款，一边存一点钱。

问题七：现在有外债吗？

大概一千两百万日元（初期投资与流动资金）。

问题八：对想开餐饮店的朋友说的一句话是什么？

人与人的相遇是很宝贵的，一定要保持谦逊诚实的心态，倾听他人的意见。

■M先生一天的时间分配

6	7	8	9	10	11	12	13	14	15	16	17	18	19	20

进货、午市营业　　　　　　和银行打交道　　　　　夜间

21	22	23	24	1	2	3

营业　　　　　　　　　在家中度过

休息日：星期一
除了固定的休息日之外没有时间休息。
休息日还得视察店铺。忙起来的时候连休息日也无法休息。

J 先生（41 岁）

行业：经营餐饮店（三家店铺）

创业：4 年

经营形态：个体经营

正式员工数：七人

问题一：成为经营者之后，人生有没有发生变化？

能够做自己想做的事。

问题二：觉得开心，或者觉得有意义的时候，通常是什么时候？

营业额上涨的时候，周围的人（朋友、亲戚）肯定我的

时候。

问题三：什么时候会觉得辛苦？

生意比想象中火爆，现场忙得一团乱的时候（睡也睡不着，没时间休息）。

问题四：有没有想过放弃？

没有。

问题五：刚开始创业时有多少存款？

两百万日元。

问题六：实际经营中，赚到钱了吗？

赚了挺多。

问题七：现在有外债吗？

不到一千万日元（店铺的外债），但是店铺的银行账户上有六百万日元的现金。

问题八：对想开餐饮店的朋友说的一句话是什么？

只要努力，一定会有收获！

偷懒是做不出什么成绩的。

■J先生一天的时间分配

6	7	8	9	10	11	12	13	14	15	16	17	18	19	20

进货   进货、巡视店铺、与店员商讨事宜

21	22	23	24	1	2	3

在家中度过

> 休息日：星期二
> 忙的时候根本没有时间休息。
> 现在要处理三家店铺的进货事宜，所以没办法好好休息。

如上所示，餐饮店的经营者会为营业额的增长、人与人的交往、自身的成长而感到高兴，但也时常因为人员的培养及管理、资金运转、缺乏休息等，感到疲累。此外，一天的工作时间接近 15 个小时，一周只能休息一天。简而言之，讨厌工作的人是不适合做经营者的。

Q 105
开业后，在现金流方面有什么值得注意的地方吗？

开业后，现金流变得更加复杂的，实际上是个体经营的店铺。法人经营的店铺，在会计做账时会将经营者的工资计入董事报酬这一开支项目中，和员工报酬一同录入。法人与个人之间，账务区分得很清楚。但个体经营的店铺不是这样，经营者的工资通常就是经营所得利润，每个月都是浮动的。店面账务与私人账户容易混淆在一起。因此，在第 328 页图中，我试着为大家整理了个体经营店铺的现金流。

这张图中，值得注意的点在于，**个体经营所得的利润必须用来"归还外债"，支付"自己的生活费""个体经营需缴纳税金（所得税、事业税、居民税、消费税）""个人需购买的保险（国民健康保险、国民养老金）"等**。如果不能清晰地意识到这一点，那么当出现消费税、国民健康保险等大额支出时，很容易陷入资金不足的困境。请大家在经营事业时，务必把握好现金流。

另外，关于资金运转的具体方法，可以参考我的另一本书

《餐饮店"开设·经营"方法》。

■ 个体经营店铺的现金流

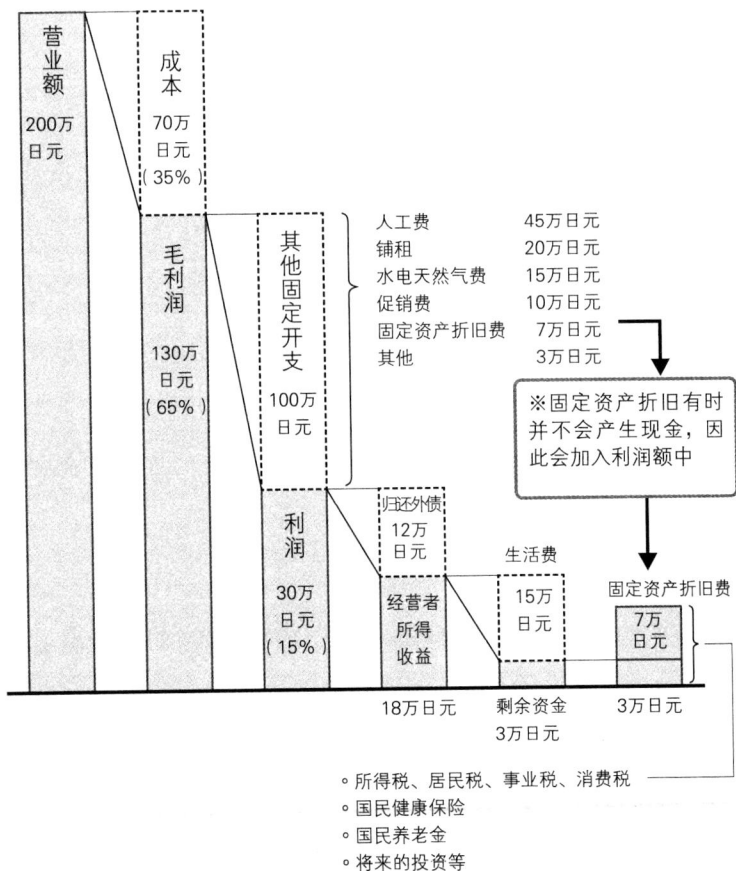

营业额 200万日元	成本 70万日元(35%)
	毛利润 130万日元(65%)

其他固定开支 100万日元

人工费	45万日元
铺租	20万日元
水电天然气费	15万日元
促销费	10万日元
固定资产折旧费	7万日元
其他	3万日元

利润 30万日元(15%)

归还外债 12万日元

经营者所得收益

生活费 15万日元

固定资产折旧费 7万日元

18万日元

剩余资金 3万日元

3万日元

※固定资产折旧有时并不会产生现金，因此会加入利润额中

∘ 所得税、居民税、事业税、消费税
∘ 国民健康保险
∘ 国民养老金
∘ 将来的投资等

328

后　序

怎样打造一家人气餐厅

非常感谢看完本书 105 个 Q&A 的读者朋友。在本书的后序，我为大家解答最后一个问题：打造一家人气餐厅需要什么？请大家参考以下三点。

①提升营业额的能力

提升营业额，需要制定店铺的战略、战术，也需要执行能力。所谓战略，指的是提供能让消费者接受的产品、服务，同时也要对其他餐厅的产品、服务有一定了解。尤其在开业之时，制定战略是特别重要的。开业之后，也必须通过阅读杂志书籍、考察其他店铺等方式不断学习。

此外，要想使营业额获得实质上的提升，就必须投放广告，举行促销活动。我们要通过广告·促销，让更多人知道你的餐厅、光顾你的餐厅，同时提高老顾客的光顾频率。

②财务知识

首先，要了解餐饮店基本的财务知识，把握店铺现状。还需要了解每一天的数值变化，了解每个月的现金流。通过顾客满意度和员工士气等方面把握店铺现状也是必需的。但是，如果不具备从财务方面把握现状的能力，就无法了解经营的实际状态。请抛弃面对数字的畏难心理，尽快掌握与人气餐厅经营者身份相匹配的知识与技能吧。

③持续解决问题的能力

开餐饮店，每一天，每时每刻都是真刀真枪的较量。餐厅里，每一天都在发生大大小小的问题。发现问题、解决问题是打造人气餐厅的要点。通过解决问题，可以提高顾客满意度，促使对方再次光临。

我本身，作为一名餐饮店经营者，是将"不厌其烦地解决问题才能将餐厅打造成人气餐厅"这一点铭记于心的，也是这么做的。各种各样的经营手段当然十分重要，但对经营者来说，还需要就就业业改良店铺经营的态度和思想觉悟。

要做到这一点，就需要我们时常定下较高目标。有了目标才能发现问题，才能进步。经常为自己设立高目标，是作为人气餐厅经营者必备的素质。

　　最后，我要衷心地感谢日本实业出版社的泷启辅先生，以及税理士法人 Takkusu 总研的五十岛哲夫先生。前者是本书的编辑，后者在我执笔本书之际，给予了我诸多建议。

　　此外，我还要对迄今为止服务过的所有客户表示衷心的感谢。今后我将继续帮助更多的朋友实现他们的梦想。最后，感谢每一位读到最后的读者。希望大家都能获得成功。

"服务的细节" 系列

《卖得好的陈列》：日本"卖场设计第一人"永岛幸夫

定价：26.00 元

《为何顾客会在店里生气》：家电卖场销售人员必读

定价：26.00 元

《完全餐饮店》：一本旨在长期适用的餐饮店经营实务书

定价：32.00 元

《完全商品陈列 115 例》：畅销的陈列就是将消费心理可视化

定价：30.00 元

《让顾客爱上店铺 1——东急手创馆》：零售业的非一般热销秘诀

定价：29.00 元

《如何让顾客的不满产生利润》：重印 25 次之多的服务学经典著作

定价：29.00 元

《新川服务圣经——餐饮店员工必学的 52 条待客之道》：日本"服务之神"新川义弘亲授服务论

定价：23.00 元

《让顾客爱上店铺 2——三宅一生》：日本最著名奢侈品品牌、时尚设计与商业活动完美平衡的典范

定价：28.00 元

《摸过顾客的脚才能卖对鞋》：你所不知道的服务技巧，鞋子卖场销售的第一本书

定价：22.00 元

《繁荣店的问卷调查术》：成就服务业旺铺的问卷调查术

定价：26.00 元

《菜鸟餐饮店 30 天繁荣记》：帮助无数经营不善的店铺起死回生的日本餐饮第一顾问

定价：28.00 元

《最勾引顾客的招牌》：成功的招牌是最好的营销，好招牌分分钟替你召顾客！

定价：36.00 元

《会切西红柿，就能做餐饮》：没有比餐饮更好做的卖卖！ 饭店经营的"用户体验学"。

定价：28.00 元

《制造型零售业——7-ELEVEn 的服务升级》：看日本人如何将美国人经营破产的便利店打造为全球连锁便利店 NO.1！

定价：38.00 元

《店铺防盗》：7大步骤消灭外盗，11种方法杜绝内盗，最强大店铺防盗书!

定价：28.00元

《中小企业自媒体集客术》：教你玩转拉动型销售的7大自媒体集客工具，让顾客主动找上门!

定价：36.00元

《敢挑选顾客的店铺才能赚钱》：日本店铺招牌设计第一人亲授打造各行业旺铺的真实成功案例

定价：32.00元

《餐饮店投诉应对术》：日本23家顶级餐饮集团投诉应对标准手册，迄今为止最全面最权威最专业的餐饮业投诉应对书。

定价：28.00元

《大数据时代的社区小店》：大数据的小店实践先驱者、海尔电器的日本教练传授小店经营的数据之道

定价：28.00元

《线下体验店》：日本"体验式销售法"第一人教你如何赋予O2O最完美的着地!

定价：32.00元

《医患纠纷解决术》：日本医疗服务第一指导书，医院管理层、医疗一线人员必读书！ 医护专业入职必备！
定价：38.00 元

《迪士尼店长心法》：让迪士尼主题乐园里的餐饮店、零售店、酒店的服务成为公认第一的，不是硬件设施，而是店长的思维方式。
定价：28.00 元

《女装经营圣经》：上市一周就登上日本亚马逊畅销榜的女装成功经营学，中文版本终于面世！
定价：36.00 元

《医师接诊艺术》：2 秒速读患者表情，快速建立新赖关系！ 日本国宝级医生日野原重明先生重磅推荐！
定价：36.00 元

《超人气餐饮店促销大全》：图解型最完全实战型促销书，200 个历经检验的餐饮店促销成功案例，全方位深挖能让顾客进店的每一个突破点！
定价：46.80 元

《服务的初心》：服务的对象十人百样，服务的方式千变万化，唯有，初心不改！
定价：39.80 元

《最强导购成交术》：解决导购员最头疼的 55 个问题，快速提升成交率！

定价：36.00 元

《帝国酒店——恰到好处的服务》：日本第一国宾馆的 5 秒钟魅力神话，据说每一位客人都想再来一次！

定价：33.00 元

《餐饮店长如何带队伍》：解决餐饮店长头疼的问题——员工力！ 让团队帮你去赚钱！

定价：36.00 元

《漫画餐饮店经营》：老板、店长、厨师必须直面的 25 个营业额下降、顾客流失的场景

定价：36.00 元

《店铺服务体验师报告》：揭发你习以为常的待客漏洞 深挖你见怪不怪的服务死角 50 个客户极致体验法则

定价：38.00 元

《餐饮店超低风险运营策略》：致餐饮业有志创业者 & 计划扩大规模的经营者 & 与低迷经营苦战的管理者的最强支援书

定价：42.00 元

《零售现场力》：全世界销售额第一名的三越伊势丹董事长经营思想之集大成，不仅仅是零售业，对整个服务业来说，现场力都是第一要素。
定价：38.00元

《别人家的店为什么卖得好》：畅销商品、人气旺铺的销售秘密到底在哪里？ 到底应该怎么学？ 人人都能玩得转的超简明 MBA
定价：38.00元

《顶级销售员做单训练》：世界超级销售员亲述做单心得，亲手培养出数千名优秀销售员！ 日文原版自出版后每月加印 3 次，销售人员做单必备。
定价：38.00元

《店长手绘 POP 引流术》：专治"顾客门前走，就是不进门"，让你顾客盈门、营业额不断上涨的 POP 引流术！
定价：39.80元

《不懂大数据，怎么做餐饮？》：餐饮店倒闭的最大原因就是"讨厌数据的糊涂账"经营模式。
定价：38.00元

《零售店长就该这么干》：电商时代的实体店长自我变革。
定价：38.00元

《生鲜超市工作手册蔬果篇》：海量
图解日本生鲜超市先进管理技能
定价：38.00 元

《生鲜超市工作手册肉禽篇》：海量
图解日本生鲜超市先进管理技能
定价：38.00 元

《生鲜超市工作手册水产篇》：海量
图解日本生鲜超市先进管理技能
定价：38.00 元

《生鲜超市工作手册日配篇》：海量
图解日本生鲜超市先进管理技能
定价：38.00 元

《生鲜超市工作手册副食调料篇》：
海量图解日本生鲜超市先进管理技能
定价：48.00 元

《生鲜超市工作手册 POP 篇》：海量
图解日本生鲜超市先进管理技能
定价：38.00 元

《日本新干线 7 分钟清扫奇迹》：我们
的商品不是清扫，而是"旅途的回忆"
定价：39.80 元

《像顾客一样思考》：不懂你，又怎
样搞定你？
定价：38.00 元

《好服务是设计出来的》：设计，是对服务的思考
定价：38.00 元

《让头回客成为回头客》：回头客才是企业持续盈利的基石
定价：38.00 元

《餐饮连锁这样做》：日本餐饮连锁店经营指导第一人
定价：39.00 元

《养老院长的 12 堂管理辅导课》：90%的养老院长管理烦恼在这里都能找到答案
定价：39.80 元

《大数据时代的医疗革命》：不放过每一个数据，不轻视每一个偶然
定价：38.00 元

《如何战胜竞争店》：在众多同类型店铺中脱颖而出
定价：38.00 元

《这样打造一流卖场》：能让顾客快乐购物的才是一流卖场
定价：38.00 元

《店长促销烦恼急救箱》：经营者、店长、店员都必读的"经营学问书"
定价：38.00 元

《餐饮店爆品打造与集客法则》：迅速提高营业额的"五感菜品"与"集客步骤"
定价：58.00 元

《赚钱美发店的经营学问》：一本书全方位掌握一流美发店经营知识
定价：52.00 元

《新零售全渠道战略》：让顾客认识到"这家店真好，可以随时随地下单、取货"
定价：48.00 元

《良医有道：成为好医生的 100 个指路牌》：做医生，走经由"救治和帮助别人而使自己圆满"的道路
定价：58.00 元

《口腔诊所经营 88 法则》：引领数百家口腔诊所走向成功的日本口腔经营之神的策略
定价：45.00 元

《来自 2 万名店长的餐饮投诉应对术》：如何搞定世界上最挑剔的顾客
定价：48.00 元

《超市经营数据分析、管理指南》：来自日本的超市精细化管理实操读本
定价：60.00 元

《超市管理者现场工作指南》：来自日本的超市精细化管理实操读本
定价：60.00 元

《超市投诉现场应对指南》： 来自日本的超市精细化管理实操读本
定价： 60.00 元

《超市现场陈列与展示指南》
定价： 60.00 元

《向日本超市店长学习合法经营之道》
定价： 78.00 元

《让食品网店销售额增加 10 倍的技巧》
定价： 68.00 元

《让顾客不请自来！ 卖场打造 84 法则》
定价： 68.00 元

《有趣就畅销！ 商品陈列 99 法则》
定价： 68.00 元

《成为区域旺店第一步——竞争店调查》
定价： 68.00 元

《餐饮店如何打造获利菜单》
定价： 68.00 元

《日本家具 & 家居零售巨头 NITORI
的成功五原则》
定价： 58.00 元

《咖啡店卖的并不是咖啡》
定价： 68.00 元

《革新餐饮业态： 胡椒厨房创始人的
突破之道》
定价： 58.00 元

《餐饮店简单改换门面， 就能增加新
顾客》
定价： 68.00 元

《让 POP 会讲故事， 商品就能卖
得好》
定价： 68.00 元

《经营自有品牌： 来自欧美市场的实
践与调查》
定价： 78.00 元

《卖场数据化经营》
定价： 58.00 元

《超市店长工作术》
定价： 58.00 元

《习惯购买的力量》
定价： 68.00 元

《7-ELEVEn 的订货力》
定价： 58.00 元

《与零售巨头亚马逊共生》
定价： 58.00 元

《下一代零售连锁的 7 个经营思路》
定价： 68.00 元

《唤起感动： 丽思卡尔顿酒店"不可思议" 的服务》
定价： 58.00 元

《7-ELEVEn 物流秘籍》
定价： 68.00 元

《价格坚挺， 精品超市的经营秘诀》
定价： 58.00 元

《超市转型： 做顾客的饮食生活规划师》
定价： 68.00 元

《连锁店商品开发》
定价： 68.00 元

《顾客爱吃才畅销》
定价： 58.00 元

《便利店差异化经营——罗森》
定价： 68.00 元

《餐饮营销 1： 创造回头客的 35 个开关》
定价： 68.00 元

《餐饮营销 2： 让顾客口口相传的 35 个开关》
定价： 68.00 元

《餐饮营销 3： 让顾客感动的小餐饮店"纪念日营销"》
定价： 68.00 元

《餐饮营销 4： 打造顾客支持型餐饮店 7 步骤》
定价： 68.00 元

《餐饮营销 5： 让餐饮店坐满女顾客的色彩营销》
定价： 68.00 元

更多本系列精品图书，敬请期待！